Livre du Rituel Satanique

Le Compagnon du Livre de Magie Satanique

Aleister Nacht

Livre du Rituel Satanique

© 2012 Aleister Nacht

Traduction française
© 2025 Aleister Nacht

ISBN: 979-8-9940835-1-2

Publié par
Loki / Speckbohne Publishing

Tous droits réservés

Aucune partie de ce livre ne peut être reproduite par quelque moyen que ce soit sans l'autorisation écrite préalable de l'éditeur.

Ce livre a été traduit à l'aide d'une intelligence artificielle. Veuillez excuser toute erreur ou imprécision de traduction.

Première édition

10 9 8 7 6 5 4 3 2 1

Livre du Rituel Satanique

Premi re Partie	5
Deuxi me Partie	26
Troisi me Partie	66
Quatri me Partie	105
Un Mot du Magus Aleister Nacht	168
Glossaire	170

Livre du Rituel Satanique

Livre du Rituel Satanique

Première Partie

Nous sommes les Saints de l'Enfer.
Le livre que vous tenez entre vos mains est le fruit d'une inspiration satanique.
Pendant que j'écrivais cet ouvrage, j'ai demandé à Satan et à Ses Démons de bénir ces mots et de m'offrir une vision à suivre et à révéler selon Son désir, à moi, humble serviteur du très Haut Seigneur Satan. Satan a répondu à ma prière et m'a montré ce qu'Il voulait que vous, lecteur, sachiez et compreniez. C'est avec cette connaissance que je remets solennellement cet ouvrage et le dédie à Satan. Ce manuscrit a été béni sataniquement au cours d'innombrables rituels et dédicaces en présence de plusieurs covens différents. Par le sang, la sueur, le sperme et les larmes, cette œuvre a reçu énergie et puissance d'une légion de démons. Ces créatures magiques ont réellement tenu le manuscrit et intercédé auprès du Seigneur Satan en notre faveur ; À SATAN SOIT LA GLOIRE !
Aux heures précoces et tardives d'innombrables rituels et messes, ces mots ont été lentement libérés dans l'air sous forme d'énergie et sont revenus ici comme la vérité. Si laborieux et pourtant si concis, le pur mal a été versé dans ces passages de façon à libérer l'énergie lorsqu'ils seront lus à voix haute par VOUS, le lecteur.

Livre du Rituel Satanique

Tandis que les bougies brûlaient et que l'encens emplissait chaque recoin du sanctum intérieur, ces lettres et ces caractères sont vivants de dessein et d'un magnétisme d'ampleur épique. L'autel a écarté ses belles jambes pour nous recevoir tous, nous qui appelons Satan « Maître ». Elle a hurlé d'une joie sinistre quand les ténèbres se sont ouvertes et que l'Enfer est entré dans le sanctum pour louer le Très-Haut. Elle a embrassé les pages et ses fluides ont servi à tracer le Sigil de Satan sur le manuscrit. Nous avons chanté et invité les Légions de l'Enfer à participer à nos cérémonies. Du plaisir à la douleur, de la haine à l'amour, du physique au spirituel, nous avons dédié chaque page que vous tenez entre vos mains.

Le pouvoir de Satan ; c'est ce que vous tenez maintenant et il est vivant à chaque souffle que vous prenez. Ils viendront si vous les appelez et votre magie sera amplifiée si vous croyez.

Ces forces sont réelles et vous devez procéder avec respect et prudence, car vous tenez une épée à double tranchant. L'un déchirera à nouveau le voile du sanctum tandis que l'autre vous détruira si vous agissez stupidement. La magie noire est un équilibre entre croyance et respect. Si vous voulez mettre Satan en colère pour provoquer une réaction, vous le pouvez très bien avec ce livre. Satan n'a aucune pitié et Il prendra tout ce qu'Il désire de vous. J'ai averti ceux qui sont irrémédiablement stupides et j'ai vu leur peau se détacher de leurs os. Si vous défiez le Maître du Monde, vous recevrez pleinement Sa colère.

Des Anges Noirs nous entourent tous, à une seule dimension de distance. Du sommet du pinacle jusqu'au fond de la tombe, ces êtres reçoivent leur mission de Satan, Lucifer, Bélial et Léviathan. Ils accomplissent l'œuvre du Père. Vous verrez la vie différemment après avoir soumis votre âme aux désirs de Satan. Ce livre vous indiquera une voie pour votre voyage. Foulez aux pieds les livres des menteurs et invitez le ROI des épreuves à venir. Servez-Le et Il vous servira bien.

Le temps est venu et l'invitation ne vous sera jamais aussi accessible qu'en cet instant. Le rideau s'ouvre pour révéler la venue de NOTRE TEMPS… oui, il est sur nous maintenant !! Votre place vous attend à la cour du Roi. Satan attend et si vous acceptez et croy 'Avez, vous n'aurez plus jamais rien à craindre.

La cloche sonne……… Ave Satan !!

L'Enfer apparaît dans plusieurs mythologies et religions. Il est généralement peuplé de démons et des âmes des morts. Une fable sur l'enfer qui revient dans le folklore de plusieurs cultures est l'allégorie des longues cuillers. L'enfer est souvent représenté dans l'art et la littérature, peut-être de la façon la plus célèbre dans la Divine Comédie de Dante.

Dans sa Divina Commedia (« Divine Comédie »

Livre du Rituel Satanique

; située en l'an 1300), Dante Alighieri utilisa le concept de prendre Virgile comme guide à travers l'Enfer (puis, dans le second chant, jusqu'au sommet du mont du Purgatoire).
Virgile lui-même n'est pas condamné à l'Enfer dans le poème de Dante mais, en tant que païen vertueux, est confiné aux Limbes, juste au bord de l'Enfer. La géographie de l'Enfer est décrite avec beaucoup de précision dans cet ouvrage : neuf cercles concentriques descendant plus profondément dans la Terre et dans les divers châtiments de l'Enfer, jusqu'au centre du monde où Dante trouve Satan lui-même prisonnier du lac gelé de Cocyte. Un petit tunnel passe devant Satan et mène de l'autre côté du monde, au pied du Mont du Purgatoire.
Le Paradis perdu (1667) de John Milton s'ouvre sur les anges déchus, dont leur chef Satan, qui se réveillent en Enfer après avoir été vaincus lors de la guerre au ciel ; l'action y revient à plusieurs reprises dans le poème. Milton dépeint l'Enfer comme la demeure des démons et la prison passive d'où ils complotent leur vengeance contre le Ciel par la corruption de l'humanité. Le poète français du XIXe siècle Arthur Rimbaud y fit également allusion dans le titre et les thèmes d'une de ses œuvres majeures, Une saison en enfer. La poésie de Rimbaud dépeint sa propre souffrance sous une forme poétique ainsi que d'autres thèmes.
Beaucoup des grandes épopées de la littérature

européenne incluent des épisodes qui se déroulent en Enfer. Dans l'épopée latine de Virgile, l'Énéide, Énée descend dans le Dis (les enfers) pour rendre visite à l'esprit de son père. Les enfers y sont décrits de façon très vague, avec un chemin inexploré menant aux châtiments du Tartare, tandis que l'autre passe par l'Érèbe et les Champs Élysées.

L'idée de l'Enfer a fortement influencé des écrivains comme Jean-Paul Sartre qui écrivit en 1944 la pièce Huis clos sur l'idée que « l'enfer, c'est les autres ». Bien que non religieux, Sartre était fasciné par son interprétation d'un état infernal de souffrance. Le Grand Divorce (1945) de C.S. Lewis emprunte son titre au Mariage du Ciel et de l'Enfer (1793) de William Blake et son inspiration à la Divine Comédie ; le narrateur y est également guidé à travers l'Enfer et le Paradis.

L'Enfer y est décrit comme une cité crépusculaire infinie et désolée sur laquelle la nuit descend imperceptiblement. Cette nuit est en réalité l'Apocalypse et annonce l'arrivée des démons après leur jugement.

Avant que la nuit tombe, quiconque peut quitter l'Enfer s'il abandonne son ancien moi et accepte l'offre du Paradis ; le voyage vers le Paradis révèle que l'Enfer est infiniment petit ; il n'est rien d'autre que ce qui arrive à une âme qui se détourne de Dieu pour se replier sur elle-même.

Livre du Rituel Satanique

L'Enfer sous d'autres noms inclut :

Abaddon
Mot hébreu signifiant « destruction », parfois utilisé comme synonyme d'Enfer.

Géhenne
Dans le Nouveau Testament, les traductions anciennes et modernes traduisent souvent Géhenne par « Enfer ». La Young's Literal Translation fait exception en utilisant simplement « Géhenne », qui était en réalité un lieu géographique juste à l'extérieur de Jérusalem (la vallée de Hinnom).

Hadès
Mot grec traditionnellement utilisé pour le mot hébreu Sheol dans des œuvres comme la Septante, traductions grecques de la Bible hébraïque. Comme d'autres Juifs du Ier siècle lettrés en grec, les écrivains chrétiens du Nouveau Testament suivirent cet usage. Les traductions plus anciennes traduisaient le plus souvent Hadès par « enfer », comme la version King James ; les traductions modernes utilisent la translittération « Hadès » ou rendent le mot par des allusions comme « la tombe », « parmi les morts », « lieu des morts », etc.

Infernus
Mot latin signifiant « en dessous » et souvent

traduit par « Enfer ».

Sheol
Dans la Bible King James, le terme de l'Ancien Testament Sheol est traduit par « Enfer » 31 fois. Cependant, Sheol est aussi traduit par « la tombe » 31 autres fois et par « la fosse » trois fois.
Les traductions modernes ne traduisent plus Sheol par « Enfer », mais par « la tombe », « la fosse » ou « la mort ».

Tartare
Apparaissant seulement dans II Pierre 2:4 du Nouveau Testament, les traductions anciennes et modernes traduisent souvent Tartare par « Enfer ». Encore une fois, la Young's Literal Translation fait exception en utilisant « Tartare ».

D'un point de vue logique, le rituel n'est rien d'autre qu'une danse ou une pièce de théâtre bien chorégraphiée. Pour le sataniste, il est bien plus profond et riche de sens.
Chaque mot, chaque lettre et chaque signe a une signification précise et tous les éléments participent à l'ensemble plus grand.
Raccourcir l'une quelconque des étapes serait risquer l'échec du résultat désiré… une perte de temps pour le praticien. Dans la pensée ou toute autre observation perçue, le rituel est créé dans

l'esprit bien avant d'être concrétisé dans la réalité.

L'essence du rituel satanique, et du satanisme lui-même, lorsqu'on l'aborde par la logique plutôt que par le désespoir, est d'entrer objectivement dans un état subjectif. Il faut toutefois réaliser que le comportement humain est presque entièrement motivé par des impulsions subjectives.

Il est donc difficile de rester objectif une fois que les émotions ont imposé leurs préférences. Puisque l'homme est le seul animal capable de se mentir à lui-même et de le croire, il doit consciemment tendre vers un certain degré de conscience de soi. Dans la mesure où la magie rituélique dépend de l'intensité émotionnelle pour réussir, tous les moyens propres à susciter des émotions doivent être employés.

Un autel, par exemple, peut ajouter un effet dramatique au rituel. Une belle satanique aux jambes largement écartées suffirait à certains pour entrer dans un état de conscience accru. La toucher, la sentir, la goûter ferait vraiment trembler les fondations de la table d'autel. Les sorts et la magie sont intensifiés par la stimulation ; dans un rituel, tous les présents devraient être à leur paroxysme de stimulation.

Les ingrédients de base pour jeter un sort peuvent être classés en cinq catégories : désir, timing, imagerie, direction et équilibre. Le contenu de ce volume représente le type de rite satanique utilisé par le passé pour des fins productives ou destructrices spécifiques.

Parce que le rituel provoque souvent de profonds changements, tant dans la chambre rituélique qu'après coup dans le monde extérieur, on associe facilement la récitation à l'envers du Notre Père à la Messe Noire et, par extension, au satanisme lui-même. À mon avis, il y a quelques éléments nécessaires dont un sataniste doit disposer pour que les travaux magiques réussissent pleinement.

Le plus important est le sentiment de conclusion. Le praticien doit avoir une idée très claire de ce qu'il/elle désire du rituel. Commencer un rituel sans savoir ce que l'on attend se terminera toujours mal. Toute la planification et la préparation du monde ne compenseront pas une attente claire. Comment arriver au bon endroit si l'on n'a pas choisi de destination avant de partir en voyage ?

Le rituel n'est pas différent. Choisissez les résultats désirés bien avant que le rituel ne commence. Ne pas le faire est, par nature, stupide ; et la stupidité n'est pas une qualité flatteuse pour un sataniste.

Si vous n'avez pas de sanctum dédié, ne vous inquiétez pas. Il existe de nombreux endroits fantastiques pour des rituels, probablement (et littéralement) dans votre propre jardin. Voisins indiscrets mis à part, un jardin à l'abri des regards est l'endroit parfait pour des rituels

sataniques. Vous serez en lieu sûr et pourrez contrôler l'accès aux personnes que vous souhaitez inviter. Si besoin, vous pouvez même demander à la police de faire partir les intrus.
J'ai toujours aimé les rituels sous le ciel ouvert ; si vous avez accès à un tel endroit, je vous le recommande vivement. Je dois admettre que le sang paraît vraiment noir au clair de lune.
Je ne recommande pas les parcs publics ou autres lieux publics. Les curieux ne feraient que détourner l'énergie et causeraient certainement des perturbations, la plupart des gens se moquant de ce qu'ils ne comprennent pas.
Ne commettez jamais d'intrusion ni ne violez des zones protégées ; ne transgressez jamais la loi, y compris en allumant des feux là où c'est interdit ou dangereux. Mettre le feu à une forêt n'est pas seulement stupide, c'est irresponsable.
Le mal peut se manifester n'importe où ; le cadre physique n'a pas d'importance. J'ai été invité à diriger un rituel dans l'atelier d'un garage automobile, ce qui a très bien fonctionné (évidemment sans flammes nues).
J'ai aussi célébré des cérémonies dans de magnifiques temples richement décorés d'autres covens. Mon coven possède un tel sanctum que nous entretenons. C'est au praticien de choisir.
Le satanisme représente en réalité le point de vue opposé et agit donc comme un catalyseur

de changement. Tout au long de l'histoire, il a fallu un « méchant » pour que ceux qui se considèrent « bons » puissent prospérer. Il était donc prévisible que les premières Messes Noires inversent la liturgie existante, renforçant ainsi le blasphème originel de la pensée hérétique.

Le satanisme moderne reconnaît le besoin qu'a l'homme d'un « autre côté » et accepte réalistement cette polarité – du moins dans les limites d'une chambre rituélique. Ainsi, une chambre satanique peut servir – selon le degré d'ornementation et l'ampleur des actes qui s'y déroulent – de chambre de méditation pour accueillir des pensées inavouables ou de véritable palais de la perversité. Tout dépend du praticien.

Les rituels concernant l'invocation d'esprits des morts, la résurrection de cadavres, ainsi que les sceaux, charmes et sorts magiques ont été délibérément omis de cet ouvrage afin d'éviter qu'ils ne soient utilisés à la légère par ceux dont l'intérêt pour la magie se limite à l'acquisition de richesses ou à la satisfaction d'ambitions vaines. Si vous le désirez vraiment, les esprits vous révéleront eux-mêmes toutes sortes de sorcelleries grâce auxquelles vous obtiendrez ce que vous désirez. Ce livre vous offre la clé pour franchir les Portes de l'Enfer et ne faire qu'un avec les Forces des Ténèbres. Au lieu de vous donner des sorts, charmes et sceaux pour

Livre du Rituel Satanique

un bénéfice matériel, il vous donne les moyens de les obtenir par vous-même.

Avant d'exécuter ces rituels, vous devez prendre un « Bain de Purification » dans de l'eau salée. Le sel est un agent purificateur universel. Ce bain enlèvera toute influence psychique, qu'elle soit « positive » ou « négative » : malédiction comme bénédiction, présence d'esprit ou de démon. Remplissez votre baignoire d'eau chaude, jetez-y une tasse de gros sel, puis plongez-vous entièrement dans l'eau. Vous devez immerger tout votre corps pour être certain que toute influence psychique soit éliminée. Une fois cela fait, vous serez dans une position « neutre » à partir de laquelle commencer ces rites. Il est important de ne le faire qu'une seule fois, avant de commencer. Un second Bain de Purification vous obligerait à tout recommencer depuis le début.

Les rituels peuvent prendre la forme que vous souhaitez. Il n'est pas indispensable d'occulter toutes les sources de lumière extérieure, sauf si vous êtes facilement distrait. Vous pouvez adapter les rituels à votre goût, mais ils doivent être mémorisés. C'est pourquoi j'ai laissé les invocations simples et répétitives. Vous n'aurez aucune difficulté à les apprendre par cœur et vous pourrez facilement y ajouter vos propres ornements une fois dans la chambre rituélique.

Par l'exécution de ces rites, vous vous consacrerez aux Forces des Ténèbres, vous consacrerez votre corps comme temple du Seigneur des Ténèbres, vous franchirez les Portes de l'Enfer et ne ferez qu'un avec les Forces des Ténèbres. Cela diffère de tous les autres systèmes de magie impliquant l'invocation d'esprits. Les magiciens blancs se tiennent dans des pentagrammes protecteurs, portant des amulettes pour se protéger des forces qu'ils appellent.

Dans la Bible Satanique, Anton LaVey se moquait de l'hypocrisie de ceux qui tentaient de se protéger des forces mêmes qu'ils invoquaient pour obtenir de l'aide. Les prêtres sataniques savent depuis longtemps que les « Forces des Ténèbres » peuvent être invoquées (ou plus exactement « évoquées ») dans le corps même du sorcier, mais de tels rituels n'ont jamais été rendus publics en raison du danger inhérent. Dans d'autres rituels, les démons sont invoqués comme des forces extérieures (peut-être amicales, mais extérieures au magicien) que le sataniste peut diriger et contrôler.

Beaucoup de praticiens moins expérimentés craignent encore ces forces qu'ils appellent comme quelque chose d'étranger à eux-mêmes et « mauvais ».

Ce qui deviendra évident pour celui qui pratique ces rites, c'est que Satan, Lucifer, Bélial et Léviathan sont des aspects de la psyché humaine, des archétypes qui existent dans le subconscient et l'esprit sub-rationnel, et non des entités extérieures capables d'influencer le magicien vers le bien ou le mal. L'objectif de ce système de magie n'est pas d'« invoquer » Satan jusqu'à l'apparition physique (ce qui ne serait qu'hallucination), mais de devenir Satan (ou d'actualiser cette part de la psyché que l'on nomme « Satan ») ; non d'invoquer Lucifer mais de devenir Lucifer ; non d'invoquer Bélial mais de devenir Bélial ; non d'invoquer Léviathan mais de devenir Léviathan. Le but de ces invocations est d'acquérir pouvoir, connaissance et illumination en activant ces parties du cerveau que l'on a appelées les « Forces des Ténèbres ».

Rénonciation & Proclamation (réciter trois fois)
Je renonce à Dieu.
Je renonce à Jésus.
Je renonce aux anges et aux archanges.
Je renonce à l'Église catholique romaine.
Je renonce à tout ce qui est saint et à tout ce qui est bon.
Je renonce à tous les dieux.
Et je proclame que Satan Lucifer est le Seigneur de ce Monde.
Je proclame que Satan Lucifer est le Dieu de la Terre.
Je proclame que Satan Lucifer est mon Maître.
(boire au calice)

Pacte – Offrande du Corps, de l'Esprit et de

Livre du Rituel Satanique

l'Âme (écrire sur parchemin, réciter trois fois, puis brûler)
Je donne mon corps à Lucifer.
Je donne mon esprit à Lucifer.
Je donne mon âme à Lucifer.
Ma chair est Sa Chair.
Mon sang est Son Sang.
(boire au calice puis…)
Lucifer, accepte ce sacrifice que je Te fais.

Consécration du Corps au nom de Satan et de Lucifer
Je bénis et consacre ces pieds au nom de Satan et au nom de Lucifer. (x3)
Je bénis et consacre ces jambes au nom de Satan et au nom de Lucifer. (x3)
Je bénis et consacre ces organes génitaux au nom de Satan et au nom de Lucifer. (x3)
Je bénis et consacre ce pénis au nom de Satan et au nom de Lucifer. (x3)
Je bénis et consacre cet abdomen au nom de Satan et au nom de Lucifer. (x3)
Je bénis et consacre cette poitrine au nom de Satan et au nom de Lucifer. (x3)
Je bénis et consacre ces fesses au nom de Satan et au nom de Lucifer. (x3)
Je bénis et consacre ce dos au nom de Satan et au nom de Lucifer. (x3)
Je bénis et consacre ces mains au nom de Satan et au nom de Lucifer. (x3)
Je bénis et consacre ces bras au nom de Satan

et au nom de Lucifer. (x3)
Je bénis et consacre ces épaules au nom de Satan et au nom de Lucifer. (x3)
Je bénis et consacre ce cou au nom de Satan et au nom de Lucifer. (x3)
Je bénis et consacre ces yeux au nom de Satan et au nom de Lucifer. (x3)
Je bénis et consacre ce corps comme temple du Seigneur des Ténèbres. (x3)
Je bénis et consacre ce temple au nom de Satan et au nom de Lucifer. (x3)
Je me consacre au Seigneur des Ténèbres et aux Forces des Ténèbres. (x3)
Je bénis et consacre ce corps au nom de Satan et au nom de Lucifer. (x3)
(boire au calice)

Invocation de la Trinité Impie
Trinité Impie de l'Enfer, je T'invoque.
Trinité Impie de l'Enfer, je Te convoque.
Trinité Impie de l'Enfer, je Te conjure.
Viens, Trinité Impie de l'Enfer, et manifeste-Toi
Dans ce corps, ce temple que j'ai préparé.
Viens, Trinité Impie de l'Enfer, et manifeste-Toi.
Remplis-moi de l'Esprit Impie.
Viens, Trinité Impie de l'Enfer, et manifeste-Toi.
(boire au calice)

Invocation de l'Esprit Impie
Esprit Impie, je T'invoque.
Esprit Impie, je Te convoque.

Livre du Rituel Satanique

Esprit Impie, je Te conjure.
Viens, Esprit Impie, et manifeste-Toi
Dans ce corps, ce temple que j'ai préparé.
Viens, Esprit Impie, et manifeste-Toi.
Viens, Esprit Impie, et manifeste-Toi.
(boire au calice)

Invocation des Neuf Grands Seigneurs de l'Abîme
Neuf Grands Seigneurs de l'Abîme, je vous invoque.
Neuf Grands Seigneurs de l'Abîme, je vous convoque.
Neuf Grands Seigneurs de l'Abîme, je vous conjure.
Venez, Neuf Grands Seigneurs de l'Abîme, et manifestez-vous
Dans ce corps, ce temple que j'ai préparé.
Venez, Neuf Grands Seigneurs de l'Abîme, et manifestez-vous.
Envoyez-moi mon Démon Gardien Impie,
Et venez, Neuf Grands Seigneurs de l'Abîme, et manifestez-vous.
(boire au calice)

Invocation de votre Démon Gardien Impie
Mon Démon Gardien Impie, je T'invoque.
Mon Démon Gardien Impie, je Te convoque.
Mon Démon Gardien Impie, je Te conjure.
Viens, mon Démon Gardien Impie, et manifeste-Toi

Livre du Rituel Satanique

Dans ce corps, ce temple que j'ai préparé.
Viens, mon Démon Gardien Impie, et manifeste-Toi.
Viens, mon Démon Gardien Impie, et manifeste-Toi.
(boire au calice)

Invocation de Satan
Vers le sud j'appelle, et dans les flammes de l'Enfer !
Satan, je T'invoque.
Satan, je Te convoque.
Satan, je Te conjure.
Viens, Satan, et manifeste-Toi
Dans ce corps, dans ce temple que j'ai préparé.
Viens, Satan, et manifeste-Toi.
Viens, Satan, et manifeste-Toi.
Ouvre grand les Portes de l'Enfer afin que je puisse passer et Te devenir semblable.
Ouvre grand Ta Porte afin que je puisse passer.
Viens, Satan, et manifeste-Toi.
Viens, Satan, et manifeste-Toi.
(boire au calice)

Invocation de Lucifer
Vers l'est j'appelle, et dans l'air de l'illumination:
Lucifer, je T'invoque.
Lucifer, je Te convoque.
Lucifer, je Te conjure.
Viens, Lucifer, et manifeste-Toi
Dans ce corps, dans ce temple que j'ai préparé.

Livre du Rituel Satanique

Viens, Lucifer, et manifeste-Toi.
Viens, Lucifer, et manifeste-Toi.
Ouvre grand les Portes de l'Enfer afin que je puisse passer et Te devenir semblable.
Ouvre grand Ta Porte afin que je puisse passer.
Viens, Lucifer, et manifeste-Toi.
Viens, Lucifer, et manifeste-Toi.
(boire au calice)

Invocation de Bélial
Vers le nord j'appelle, et dans les profondeurs de la terre :
Bélial, je T'invoque.
Bélial, je Te convoque.
Bélial, je Te conjure.
Viens, Bélial, et manifeste-Toi
Dans ce corps, dans ce temple que j'ai préparé.
Viens, Bélial, et manifeste-Toi.
Viens, Bélial, et manifeste-Toi.
Ouvre grand les Portes de l'Enfer afin que je puisse passer et Te devenir semblable.
Ouvre grand Ta Porte afin que je puisse passer.
Viens, Bélial, et manifeste-Toi.
Viens, Bélial, et manifeste-Toi.
(boire au calice)

Invocation de Léviathan
Vers l'ouest j'appelle, et dans les profondeurs de la mer :
Léviathan, je T'invoque.

Livre du Rituel Satanique

Léviathan, je Te convoque.
Léviathan, je Te conjure.
Viens, Léviathan, et manifeste-Toi
Dans ce corps, dans ce temple que j'ai préparé.
Viens, Léviathan, et manifeste-Toi.
Viens, Léviathan, et manifeste-Toi.
Ouvre grand les Portes de l'Enfer afin que je puisse passer et Te devenir semblable.
Ouvre grand Ta Porte afin que je puisse passer.
Viens, Léviathan, et manifeste-Toi.
Viens, Léviathan, et manifeste-Toi.
(boire au calice)

Livre du Rituel Satanique

Livre du Rituel Satanique

Deuxième Partie

Tous les participants portent des robes noires à capuchon, sauf deux : une femme habillée en nonne, avec l'habit et la guimpe traditionnels, et la femme qui sert d'autel, entièrement nue.
Celui qui officie la messe est appelé le Célébrant. Par-dessus sa robe, il porte un collier avec le Sceau de Baphomet, le pentagramme inversé. Bien que certaines versions de la Messe Noire aient été célébrées avec des vêtements consacrés par l'Église catholique romaine, les témoignages indiquent que c'était l'exception et non la règle. L'authenticité d'une hostie consacrée semble avoir été bien plus importante.
La femme qui sert d'autel est allongée sur la plateforme, son corps perpendiculaire à sa longueur, les genoux au bord et largement écartés. Un coussin soutient sa tête. Ses bras sont étendus en croix ; chaque main tient un chandelier contenant une bougie noire.
Lorsque le Célébrant se tient devant l'autel, il se place entre les genoux de l'autel, ses jambes largement écartées.
Un calice contenant du vin ou de l'alcool (ou toute boisson désirée) est placé entre les cuisses de l'autel. Le Livre du Rituel est posé sur un petit lutrin ou un coussin, à la droite du Célébrant lorsqu'il fait face à l'autel.
L'Illuminator se tient à côté de l'autel, près du

Livre du Rituel Satanique

Livre du Rituel. Bougies noires et une bougie blanche sont utilisées durant la cérémonie.
En face de lui, de l'autre côté de l'autel, se tient l'encenseur avec un encensoir contenant du charbon ardent. À côté de lui, un participant tient la navette d'encens. La musique doit être d'ambiance liturgique, de préférence à l'orgue.
Le succès des opérations magiques dépend de l'application des principes appris, et non de la quantité d'informations accumulées. Cette règle doit être soulignée, car l'ignorance de ce fait est la cause la plus fréquente et la moins reconnue d'échec magique.

Participants :
Prêtresse de l'Autel – nue sur l'autel
Prêtresse – en robe blanche
Maîtresse de la Terre – en robe écarlate
Maître (Célébrant) – en robe pourpre
Sous-diacre et Illuminator – en robe noire
Congrégation – en robe noire

Lieu :
Généralement un Temple intérieur. En extérieur, une clairière dans les bois ou la forêt convient. Les grottes sont idéales. Le but est de créer une impression d'« enceinte ».

Versions :
La Messe Noire existe en plusieurs versions. Celle donnée ci-dessous est la plus

couramment utilisée aujourd'hui, mais d'autres variantes sont également incluses.

Bien que la Messe Noire ait été célébrée d'innombrables fois, les participants n'étaient souvent pas satanistes, mais agissaient uniquement dans l'idée que tout ce qui contredisait l'Église devait être bon. Pendant l'Inquisition, quiconque doutait de la souveraineté de Dieu, du Christ et de l'Église était immédiatement considéré comme serviteur de Satan et traité en conséquence.

Lorsque tous sont réunis dans le sanctum intérieur, la cloche sonne neuf fois. Le Célébrant, précédé du Sous-diacre et de l'Illuminator, entre et s'approche de l'autel.

Ils s'arrêtent un peu avant l'autel ; le Sous-diacre se place à la gauche du Célébrant, l'Illuminator à sa droite. Les trois s'inclinent profondément devant l'autel et commencent le rituel par les versets et réponses suivants.

Début de la cérémonie
La Maîtresse de la Terre se tourne vers la congrégation, trace le signe du pentagramme inversé de la main gauche et dit :
Je descendrai vers les autels de l'Enfer.
La Prêtresse répond :
À Satan, le donneur de vie.

Tous :
Notre Père qui fus au ciel, que ton nom soit

Livre du Rituel Satanique

sanctifié.
Au ciel comme il l'est sur Terre.
Donne-nous aujourd'hui notre extase
Et livre-nous au mal comme à la tentation
Car nous sommes ton royaume pour les éons et les éons.

Célébrant :
In nomine Magni Dei Nostri Satanas. Introibo ad altare Domini Inferi.
Les quatre directions cardinales sont invoquées avec l'épée.
Que Satan, Prince tout-puissant des Ténèbres
Et Seigneur de la Terre, nous accorde nos désirs.

Tous :
Prince des Ténèbres, entends-nous !
Je crois en un seul Prince, Satan, qui règne sur cette Terre,
Et en une seule Loi qui triomphe de tout. Je crois en un seul Temple,
Notre Temple à Satan, et en un seul Mot qui triomphe de tout : le Mot d'extase.
Et je crois en la Loi de l'Éon,
Qui est le sacrifice, et en la libération du sang
Pour lequel je ne verse aucune larme, car je loue mon Prince,
Le donneur de feu, et j'attends avec impatience son règne
Et les plaisirs à venir !

Livre du Rituel Satanique

La Maîtresse embrasse le Maître, puis se tourne vers la congrégation et dit :
Que Satan soit avec vous.

Sous-diacre et Illuminator :
Ad eum qui laetificat meum.
Adjutorium nostrum in nomine Domini Inferi.
Qui regit terram.

Célébrant :
Devant le Prince des Ténèbres puissant et ineffable, et en présence de tous les démons redoutables de l'Abîme, et de cette assemblée ici réunie, je reconnais et confesse mon erreur passée. Reniant toute allégeance antérieure, je proclame que Satan-Lucifer règne sur la terre, et je ratifie et renouvelle ma promesse de Le reconnaître et de L'honorer en toutes choses, sans réserve, désirant en retour Son assistance multiple pour la réussite de mes entreprises et l'accomplissement de mes désirs. J'appelle sur toi, mon Frère, de témoigner et d'en faire autant.

Sous-diacre et Illuminator :
Devant le Prince des Ténèbres puissant et ineffable, et en présence de tous les démons redoutables de l'Abîme, et de cette assemblée ici réunie, nous reconnaissons et confessons notre erreur passée. Reniant toute allégeance antérieure, nous proclamons que Satan-Lucifer règne sur la terre, et nous ratifions et

renouvelons notre promesse de Le reconnaître et de L'honorer en toutes choses, sans réserve, désirant en retour Son assistance multiple pour la réussite de nos entreprises et l'accomplissement de nos désirs. Nous t'appelons, toi Son vassal et Célébrant, à recevoir ce serment en Son nom.

Célébrant :
Gloria Deo, Domino Inferi, et in terra vita hominibus fortibus.
Laudamus te, benedicimus te, adoramus te, glorificamus te,
gratias agimus tibi propter magnam potentiam tuam :
Domine Satanas, Rex Inferus, Imperator omnipotens.
C'est pourquoi, ô Seigneur des Ténèbres puissant et terrible, nous Te prions de recevoir et d'accepter ce sacrifice que nous T'offrons au nom de cette assemblée ici réunie, sur laquelle Tu as apposé Ton sceau, afin que Tu nous fasses prospérer en plénitude et longueur de vie sous Ta protection, et que Tu fasses sortir à notre commandement Tes effroyables légions pour l'accomplissement de nos désirs et la destruction de nos ennemis.

Sous-diacre et Illuminator :
En cette nuit, d'un commun accord, nous demandons Ton assistance infaillible pour ce

Livre du Rituel Satanique

besoin particulier. Dans l'unité de la communion impie, nous louons et honorons d'abord Toi, Lucifer, Étoile du Matin, et Bélzébuth, Seigneur de la Régénération ; puis Bélial, Prince de la Terre et Ange de la Destruction ; Léviathan, Bête de l'Apocalypse ; Abaddon, Ange de l'Abîme sans fond ; et Asmodée, Démon de la Luxure. Nous invoquons les noms puissants d'Astaroth, Nergal et Béhemoth, de Belphégor, Adramélech et Baalberith, et de tous les innombrables et informes, les légions puissantes et innombrables de l'Enfer, par l'assistance desquels nous serons fortifiés en esprit, en corps et en volonté.
Le Célébrant étend alors les mains, paumes vers le bas, au-dessus de l'autel.
La cloche sonne trois fois.

Congrégation :
Shemhamforash ! Ave Satanas !
Le Sous-diacre apporte le vase de nuit et le présente à la nonne qui s'est avancée. La nonne soulève son habit et urine dans la vasque. Pendant qu'elle urine, le Sous-diacre s'adresse à la congrégation.

Sous-diacre :
Elle fait résonner la vasque des larmes de sa mortification. Les eaux de sa honte deviennent une pluie de bénédiction dans le tabernacle de Satan, car ce qui était retenu jaillit, et avec lui,

sa piété. Le grand Baphomet, qui est au milieu du trône, la soutiendra, car elle est une fontaine vivante d'eau.
Quand la nonne a terminé, le Sous-diacre poursuit :
Et le Seigneur des Ténèbres essuiera toutes les larmes de ses yeux, car Il m'a dit : C'est fait ! Je suis l'Alpha et l'Oméga, le commencement et la fin. À celui qui a soif, Je donnerai gratuitement de la fontaine de l'eau de vie.
Le Sous-diacre retire la vasque à la nonne et la tient devant le Célébrant, qui y trempe l'aspergeoir (une hostie). Puis le Célébrant se tourne vers chacune des directions cardinales, secouant deux fois l'aspergeoir à chaque point.
Célébrant, pointant l'épée :
(vers le sud) Au nom de Satan, nous te bénissons de ceci, symbole de la verge de vie.
(vers l'est) Au nom de Satan, nous te bénissons de ceci, symbole de la verge de vie.
(vers le nord) Au nom de Satan, nous te bénissons de ceci, symbole de la verge de vie.
(vers l'ouest) Au nom de Satan, nous te bénissons de ceci, symbole de la verge de vie.

Sous-diacre :
Hoc est corpus Jesu Christi.
Le Célébrant élève l'hostie, la place entre les seins de l'autel, puis la touche à la zone vaginale.
La cloche sonne trois fois.

Livre du Rituel Satanique

Il replace l'hostie sur la patène posée sur la plateforme de l'autel. Prenant le calice dans ses mains, il se penche profondément au-dessus, comme avec l'hostie, et murmure les mots suivants :

Célébrant :
À nous, Tes enfants fidèles, ô Seigneur Infernal, qui nous glorifions de notre iniquité et faisons confiance à Ta puissance et à Ta force sans limites, accorde que nous soyons comptés parmi Tes élus. C'est toujours par Toi que tous les dons nous parviennent ; connaissance, pouvoir et richesse sont à Toi de les accorder. Reniant le paradis spirituel des faibles et des humbles, nous plaçons notre confiance en Toi, Dieu de la Chair, aspirant à la satisfaction de tous nos désirs et demandant leur accomplissement total sur la terre des vivants.

Sous-diacre et Illuminator :
Shemhamforash ! Hail Satan !

Célébrant :
Poussés par les préceptes de la terre et les inclinations de la chair, nous osons dire :
Notre Père qui es en Enfer, que Ton nom soit sanctifié.
Ton royaume est venu, Ta volonté est faite ; sur terre comme elle l'est en Enfer !
Nous prenons cette nuit ce qui nous revient de

droit,
Et nous ne marchons pas sur les chemins de la douleur.
Conduis-nous à la tentation, et délivre-nous de la fausse piété,
Car à Toi sont le royaume, la puissance et la gloire pour toujours !

Sous-diacre et Illuminator :
Et que la raison règne sur la terre.

Célébrant :
Délivre-nous, ô puissant Satan, de toute erreur et illusion passées, afin que, ayant posé notre pied sur le Chemin des Ténèbres et nous étant voués à Ton service, nous ne faiblissions pas dans notre résolution, mais qu'avec Ton aide nous croissions en sagesse et en force.

Sous-diacre et Illuminator :
Shemhamforash !
Le Célébrant prend l'hostie dans ses mains, l'élève devant lui et se tourne vers l'assemblée en disant :

Célébrant :
Ecce corpus Jesu Christi, Dominus Humilim et Rex Servorum.
Le Célébrant élève l'hostie vers le Baphomet. Il poursuit avec une grande colère :

Livre du Rituel Satanique

Célébrant :
Toi, toi que, en ma qualité de Célébrant, je force, que tu le veuilles ou non, à descendre dans cette hostie, à t'incarner dans ce pain, artisan d'impostures, voleur d'hommages, brigand d'affection — écoute ! Depuis le jour où tu es sorti des entrailles complaisantes d'une fausse vierge, tu as manqué à tous tes engagements, trahi toutes tes promesses.

Des siècles ont pleuré en t'attendant, dieu fugitif, dieu muet ! Tu devais racheter l'homme et tu ne l'as pas fait ; tu devais apparaître dans ta gloire, et tu dors. Va, mens, dis au misérable qui t'implore : « Espère, sois patient, souffre ; l'hôpital des âmes te recevra ; les anges te secourront ; le Ciel t'est ouvert. » Imposteur ! Tu sais bien que les Anges, dégoûtés de ton inertie, t'abandonnent !

Que Ta colère s'abatte sur lui, ô Prince des Ténèbres, et déchire-le afin qu'il connaisse l'étendue de Ta fureur. Appelle Tes légions afin qu'elles soient témoins de ce que nous faisons en Ton nom.

Envoie Tes messagers proclamer cet acte, et fais vaciller les sbires chrétiens vers leur perte. Frappe-le encore, ô Seigneur de Lumière, que ses anges, chérubins et séraphins tremblent de peur et se prosternent devant Toi dans le respect de Ta puissance. Fais s'écrouler les portes du Ciel, que les meurtres de nos ancêtres soient vengés !

Livre du Rituel Satanique

Le Célébrant insère l'hostie dans le vagin de l'autel, la retire, la tient en l'air vers le Baphomet. Puis il la jette violemment au sol où elle est piétinée par lui-même, le Sous-diacre et l'Illuminator tandis que la cloche sonne sans discontinuer.

Le Célébrant prend ensuite le calice dans ses mains, fait face à l'autel et boit.

Il présente ensuite le calice à l'autel qui se redresse en position assise et boit. Elle se rallonge après avoir bu.

Ensuite, le Célébrant présente le calice à chaque membre de l'assemblée, d'abord au Sous-diacre, puis à l'Illuminator, puis aux autres selon leur rang et/ou leur ancienneté dans l'Ordre. En administrant le calice à chacun, il prononce ces mots :

Au nom de notre Grand Dieu Satan. Hail Satan !

Il s'incline ensuite devant l'autel et se tourne pour donner la bénédiction de Satan à l'assemblée, levant la main gauche en Cornu (signe des cornes).

Tous, face à l'autel, lèvent les bras en Cornu.

Tous :
Ave, Satanas !
Hail Satan !

Célébrant :
Partons ; c'est accompli.

Livre du Rituel Satanique

Sous-diacre et Illuminator :
Ainsi soit-il.
Le Célébrant, le Sous-diacre et l'Illuminator s'inclinent vers l'autel, aident l'autel à se lever, se tournent et les quatre quittent la chambre.
Les bougies sont éteintes au fur et à mesure que tous sortent.
Comme pour tous les rituels cérémoniels, il est utile que tous les participants connaissent par cœur le contenu et le texte parlé. Il est important que cela soit fait et que le rituel, lorsqu'il est exécuté, suive fidèlement le texte à chaque occasion. Le rituel est alors plus efficace en tant que rituel, permettant aux participants d'être à la fois plus détendus et plus capables d'entrer dans l'esprit du rite.
« L'introduction et l'initiation d'un nouveau membre du coven me font frémir d'une joie sinistre ! »
Aleister Nacht
Il s'agit du rite d'initiation d'un nouveau membre entrant dans le groupe. Le candidat est généralement parrainé par un Initié déjà existant, qui l'accompagne. Plusieurs candidats peuvent assister à la cérémonie et recevoir la charge du Célébrant. Le candidat subit également une épreuve de connaissance (concernant ce qu'il ou elle a appris des enseignements du Temple pendant la période probatoire de six mois) et une épreuve de

Livre du Rituel Satanique

courage.

Cette cérémonie peut aussi être adaptée pour un rituel de baptême. Une seule bougie blanche est utilisée, toutes les autres sont noires.

Tous les participants portent des robes noires à capuchon, sauf la femme qui sert d'autel, qui est nue. Les Initié(s) ont les yeux bandés et sont conduits dans le sanctum par deux membres de la cérémonie.

Le Célébrant entre dans le sanctum avec l'autel, l'allonge et écarte largement ses jambes. Pendant tout le rituel, le Célébrant se tient entre ses jambes.

La cérémonie s'ouvre par la purification de l'air et la bénédiction de la chambre avec le phallus. Le calice est rempli, mais pas encore présenté. Les quatre directions cardinales sont invoquées avec l'épée.

Le Célébrant embrasse ensuite le ventre de l'autel, qui est en position allongée. Le Célébrant commence son invocation, bras levés.

Célébrant :
Au nom de Satan, Lucifer, Bélial, Léviathan et de tous les démons, nommés et sans nom, marcheurs dans les ténèbres de velours, écoutez-nous, ô choses sombres et ombreuses, créatures fantomatiques, tordues, à demi aperçues au-delà du voile brumeux du temps et de l'espace sans nuit. Approchez ; soyez

présents en cette nuit de souveraineté naissante. Accueillez un nouveau membre, créature de lumière magique et extatique.
Rejoignez-nous dans notre accueil. Avec nous, dites : bienvenue à toi, enfant de joie, fruit de la nuit sombre et emplie de musc, délice de l'extase.
Les bandeaux sont alors retirés des yeux des Initiés.
Le Célébrant se tourne vers eux.
Bienvenue à toi, sorcière (sorcier), magicienne (magicien) la plus naturelle et la plus vraie. Tes mains ont la force d'abattre les voûtes croulantes de cieux mensongers et d'ériger, avec leurs débris, un monument à ta propre douce indulgence. Ton honnêteté te donne droit à la domination bien méritée sur un monde rempli d'hommes apeurés et recroquevillés.
Le Sous-diacre remet une bougie noire allumée au Célébrant, qui passe la flamme quatre fois sous les mains tendues de l'Initié en disant :
Au nom de Satan, nous plaçons tes pieds sur le Sentier de la Main Gauche. Quatre fois tu passes au-dessus de la flamme, afin d'allumer le désir et la passion dans ton cœur, que la chaleur et l'éclat de la flamme de Schamballah te réchauffent, que tes sentiments et tes émotions brûlent vifs et passionnés, pour opérer ta magie selon ton désir. (nom du membre), nous t'appelons, car ton nom brille dans la flamme.

Livre du Rituel Satanique

Le Célébrant rend la bougie au Sous-diacre, qui lui présente alors la cloche. Le Célébrant fait doucement tinter la cloche autour de l'Initié. Il pose ensuite l'épée sur le front de l'Initié.

Célébrant :
Au nom de Lucifer, nous faisons résonner autour de toi, éclairant l'air des sons cristallins de la sagesse. Comme tes yeux reçoivent l'illumination, que tes oreilles perçoivent la vérité et séparent les motifs de la vie, afin que ta place soit trouvée. Nous appelons ton nom dans la nuit : Ô écoute le nom magique et doux de (nom).
Au nom de Bélial, nous apposons Sa marque sur toi, pour solenniser et graver dans la mémoire la planète sombre et humide – l'Abîme d'où tu viens – le jet puissant de la virilité fécondant la Mère Terre. Ainsi fut-il toujours et jusqu'à la fin des temps il en sera ainsi. (nom), nous t'appelons, afin que ton pouvoir, lui aussi, dure sans fin, toujours aussi fort que l'homme et la terre, car ils ne font qu'un avec toi.
Par toutes les images offertes à l'imagination enfantine, par toutes les choses qui rampent et trottinent dans le royaume féerique de la nuit, par tous les froissements soyeux dans le vent et les croassements dans l'obscurité, ô grenouilles et crapauds, rats et corbeaux, chats et chiens, chauves-souris et baleines, et toute votre parentèle des petits êtres semblables à celle

Livre du Rituel Satanique

(celui) qui repose devant vous : bénissez-la (le), soutenez-la (le), car elle (il) est de ce qui n'a besoin d'aucune purification, car elle (il), comme vous tous, est perfection en ce qu'elle (il) est, et l'esprit qui habite cette tête est mû par votre dieu, le Seigneur de l'EST, la Manifestation Toute-Puissante de Satan.

Le Célébrant retire l'épée du front de l'Initié et, dans le même mouvement, en élève la pointe vers le Sceau de Baphomet, au-dessus et derrière l'Initié. Tous les autres présents se tournent vers l'autel et lèvent le bras droit en signe des Cornes.

Célébrant :
Hail, Satan !

Tous les autres :
Hail, Satan !

Célébrant :
Hail, Satan !

Tous les autres :
Hail, Satan !

Célébrant :
Hail, Satan !

Tous les autres :
Hail, Satan !

Livre du Rituel Satanique

Célébrant :
C'est accompli. Ainsi soit-il !

Tous les autres :
Ainsi soit-il !
La cérémonie se termine de la manière habituelle.

Rituel d'Auto-Initiation
Réservez un espace pour l'exécution du rituel et, dans cet espace, dressez un autel que vous recouvrirez d'un tissu noir. L'autel peut être une simple table. Procurez-vous des bougies noires, des chandeliers, de l'encens de noisetier, un ou plusieurs cristaux de quartz. Vous aurez également besoin de deux petits carrés de parchemin (ou de papier tissé de qualité), d'une plume d'oie, d'un couteau bien aiguisé, de sel marin, d'une poignée de terre de cimetière (prélevée une nuit de nouvelle lune) et d'un calice que vous remplirez de vin. Tous ces objets doivent être disposés sur l'autel.
Si vous le désirez, vous pouvez aussi vous procurer une robe noire de coupe appropriée. Sinon, habillez-vous entièrement en noir pour le rituel.
Une heure avant le coucher du soleil, entrez dans votre Temple, tournez-vous vers l'est et chantez deux fois le Sanctus Satanas. Puis dites, à voix haute :

Livre du Rituel Satanique

À toi, Satan, Prince des Ténèbres et Seigneur de la Terre,
je dédie ce Temple : qu'il devienne, comme mon corps,
un vaisseau pour ton pouvoir et l'expression de ta gloire !
Vibrez ensuite neuf fois « Agios o Satanas ».
Prenez ensuite le sel et répandez-le sur l'autel et tout autour de la pièce en disant :
Avec ce sel, je scelle la puissance de Satan !
Prenez la terre et jetez-la de même, en disant :
Avec cette terre, je dédie mon Temple.
Satanas – venire ! Satanas venire !
Agios o Baphomet !
Je suis dieu imprégné de ta gloire !
Allumez les bougies de l'autel, brûlez abondamment l'encens et quittez le Temple.
Prenez un bain, puis revenez dans le Temple.
Une fois dans le Temple, piquez légèrement votre index gauche avec le couteau. Avec le sang et à l'aide de la plume, inscrivez sur l'un des parchemins le nom occulte que vous avez choisi. Sur l'autre, tracez un pentagramme inversé.
Tenez les deux parchemins levés vers l'Est en disant :
Avec mon sang, je dédie le Temple de ma vie !
Tournez ensuite trois fois dans le sens anti-solaire (sens antihoraire) en disant :
Moi, … (dites le nom occulte que vous avez choisi), je suis ici pour commencer ma quête

Livre du Rituel Satanique

sinistre !
Prince des Ténèbres, entends mon serment !
Baphomet, Maîtresse de la Terre, entends-moi !
Entendez-moi, vous Dieux Sombres qui attendez au-delà de l'Abîme !
Brûlez les parchemins dans les flammes des bougies.
(Note : il est souvent plus pratique de remplir un récipient d'alcool à brûler, d'y placer les parchemins puis d'y mettre le feu. Si vous avez choisi du papier tissé, cette méthode n'est pas nécessaire.)
Tandis qu'ils brûlent, dites :
Satan, que ton pouvoir se mêle au mien comme mon sang se mêle maintenant au feu !
Prenez le calice, levez-le vers l'Est et dites :
Avec cette boisson, je scelle mon serment.
Je suis tien et accomplirai des œuvres à la gloire de ton nom !
Videz le calice, éteignez les bougies et quittez le Temple.
L'Initiation est alors accomplie.

Messes Noires Concurrentes et Rituel d'Initiation
Cloche d'autel (sonnée neuf fois pour invoquer l'esprit de Satan)
Coven (chant d'invocation)
Bagabi laca bachabe
Lamac lamec bachalyas

Livre du Rituel Satanique

Lamac cahi achababe
Cabahagy sabalyos
Karrelyos Baryolos
Lagoz atha cabyolas
Samahac et famyolas
Harrahya
Grand Prêtre (s'avance au centre de l'autel et chante, en se signant de la main gauche dans le sens antihoraire)
In nominee de nostre Satanas : Lucifere Excelsis !
Au nom de notre Satan : Lucifer le Glorieux !

Grand Prêtre (chant)
Introibo ad altare Satanas.
Je m'approcherai de l'autel de Satan.
Coven (chant)
Ad Satanas, qui laetificat gloria meam.
À Satan, qui réjouit ma gloire.
Coven (ancienne conjuration pour livrer leurs âmes au diable)
Palas aron ozinomas
Geheamel cla orlay
Baske bano tudan donas
Berec he pantaras tay.

Grand Prêtre
Au nom de Satan, souverain de la Terre, Roi du monde, Maître des Serfs, j'ordonne aux forces des ténèbres de nous accorder leur pouvoir infernal. Sauve-nous, Seigneur Satan, des

traîtres et des violents. Ô Satan, Esprit de la Terre, Dieu de la Liberté, ouvre grand les portes de l'Enfer et sors de l'abîme sous ces noms :

Grand Prêtre et Coven
Satan ! Bélzébuth ! Léviathan ! Asmodée ! Abaddon !
Grand Prêtre (chant)
Gloria Satanas, et Belial et Spiritui maloso.
Coven (répond)
Comme il fut au commencement, maintenant et à jamais, pour les siècles des siècles. Amen.
Grand Prêtre (chant)
Que Satan soit avec vous.
Coven (répond)
Et avec votre esprit.
Grand Prêtre (appelant le coven à la prière)
Prions… Poussés par l'ordre de notre Seigneur Satan et instruits par son ordonnance infernale, nous osons dire :
Grand Prêtre et Coven (récitation du Notre Père à l'envers)
Amen… Le mal de nous délivre mais… À la tentation ne nous conduis pas et… Ceux qui contre nous ont péché, nous leur pardonnons comme… Nos péchés pardonne-nous et… Notre pain quotidien donne-nous aujourd'hui… Sur la terre comme au ciel… Que ta volonté soit faite… Que ton règne vienne… Que ton nom soit sanctifié… Qui es aux cieux… Notre Père.

Livre du Rituel Satanique

Grand Prêtre
Enfants de mon office. Par la grâce de notre Seigneur Satan, j'ai le pouvoir d'exaucer vos souhaits, s'il me plaît de le faire. Maintenant, levez la tête et dites-moi vos désirs.
(Un coup violent à la porte latérale de la chambre d'autel)

Grand Prêtre
Qui demande à entrer ici ?

Prêtresse assistante
Une personne qui se repent de ses hérésies passées et aspire à être reçue dans la grâce de notre Maître, Satan, désigné par le Créateur comme Seigneur de ce Monde depuis le commencement et sans fin.

Grand Prêtre
Entre, pénitente, afin que tu t'abaisses devant le seul vrai Dieu.
(L'Initiée entre, vêtue d'une longue robe blanche ceinturée d'une corde, les chevilles enchaînées)

Grand Prêtre
Pénitente, l'occasion t'est offerte de racheter ton passé… Désires-tu la saisir ?

Prêtresse assistante
Oui.

Livre du Rituel Satanique

Grand Prêtre
Es-tu prête à servir notre Seigneur Satan de tout ton esprit, de tout ton corps et de toute ton âme, sans rien laisser t'empêcher de faire avancer son œuvre ?

Initiée
Oui.

Grand Prêtre
Lève-toi et tends la main gauche ! Répète après moi, phrase par phrase, les mots que je vais prononcer :

Grand Prêtre et Initiée
Je renie Jésus-Christ le trompeur… et j'abjure la foi chrétienne, tenant en mépris toutes ses œuvres. Par le symbole du Créateur, je jure désormais d'être… un serviteur fidèle de son Archange le plus puissant, le Prince Lucifer… que le Créateur a désigné comme son Régent et Seigneur de ce Monde. En tant qu'être désormais doté d'un corps humain en ce monde, je jure de donner toute mon allégeance à son Maître légitime : adorer Lui, notre Seigneur Satan, et nul autre ; mépriser toutes les religions créées par l'homme et les couvrir de mépris dès que possible ; saper la foi des autres dans ces fausses religions dès que possible et les amener à la vraie foi quand cela

est souhaitable. Je jure de donner sans réserve mon esprit, mon corps et mon âme... à la poursuite des desseins de notre Seigneur Satan. Si je trahis ce serment, je décrète dès maintenant que ma gorge soit tranchée, ma langue et mon cœur arrachés... et que je sois enterré dans le sable de l'océan afin que ses vagues m'emportent dans l'éternité de l'oubli.

Grand Prêtre
Si tu romps jamais ce serment, nous prononcerons sentence contre toi au nom de notre Seigneur Satan... que tu tombes dans une maladie dangereuse et la lèpre, et que, par le signe de sa vengeance, tu périsses d'une mort terrifiante et horrible, qu'un feu te consume et te dévore de toutes parts et t'écrase totalement.
Grand Prêtre
Tourne-toi vers le Bouc de Mendès... répète après moi :

Grand Prêtre et Initiée
Je renie Dieu, Créateur du Ciel et de la Terre, et je m'attache à toi, et je crois en toi.
Grand Prêtre (conduit l'Initiée à droite de l'autel vers un trône noir sur lequel trône Satan matérialisé sous la forme d'un énorme bouc noir à corps humain, mais avec les sabots et la tête d'un bouc. Le bouc a trois cornes, celle du milieu étant une torche allumée)
Baise le Bouc !!

Livre du Rituel Satanique

(L'Initiée embrasse l'arrière du bouc derrière le trône ; pendant la cérémonie de fidélité à Satan appelée le Pax, le Grand Prêtre entonne)
Comme les copeaux de l'horloge ne retournent jamais à l'horloge d'où ils ont été pris, que ton âme ne retourne jamais au Ciel.
(Reconduisant l'Initiée à l'autel)
Maintenant… ôte ton vêtement et allonge-toi de tout ton long sur l'autel.
(L'Initiée laisse tomber son vêtement et s'allonge nue sur l'autel ; le Grand Prêtre étend ses bras et place une bougie noire allumée dans chaque main. Certains membres de l'assemblée commencent à exprimer leurs émotions)
Frères et sœurs du Sentier de la Main Gauche… la pénitente s'est révélée une néophyte digne de notre haut ordre. Il est maintenant de mon agréable devoir de la libérer des liens de l'ignorance et de la superstition.
(Le Grand Prêtre retire les chaînes des chevilles de l'Initiée et procède au rite symbolique de copulation avec le diable. Si le Seigneur Satan ou l'un de ses démons est présent à cette partie de la messe, le Grand Prêtre s'écarte et dirige des conjurations de luxure pendant que la cérémonie est réellement accomplie)
(Après ce rite, l'Initiée, toujours autel, voit poser sur son corps allongé le calice contenant l'hostie et un crâne rempli de sang. L'hostie, généralement volée dans une église catholique,

est teinte en noir et découpée en forme triangulaire)

Grand Prêtre
Satanas gratias. Grâce soit rendue à Satan.
Satanas vobiscum. Satan soit avec vous.

Coven (répond)
Et avec votre esprit.
Grand Prêtre et Coven
(S'approche à gauche de l'autel humain pour commencer l'Offertoire. Il élève la patène contenant l'hostie consacrée)
Lucifer, sauve-nous ! Maître, sauve-nous !
Astaroth, sauve-nous ! Maître, sauve-nous !
Shaitan, sauve-nous ! Maître, sauve-nous !
Zabulon, sauve-nous ! Maître, sauve-nous !
Maloch, sauve-nous ! Maître, sauve-nous !
(Le Grand Prêtre passe à droite de l'autel humain et élève le crâne ou calice contenant l'élixir)
Satan, aie pitié ! Maître, aie pitié !
Baal, aie pitié ! Maître, aie pitié !
Azazel, aie pitié ! Maître, aie pitié !
Dagon, aie pitié ! Maître, aie pitié !
Mammon, aie pitié ! Maître, aie pitié !

Grand Prêtre
(Prenant la communion, consacre la patène et le calice avec la bénédiction de la Mort)
Béni soit le pain et le vin de la mort... bénis mille

fois plus que la chair et le sang de la vie, car vous n'avez pas été récoltés par des mains humaines ni broyés par aucune créature humaine. C'est notre Seigneur Satan qui vous a portés au moulin de la tombe, afin que vous deveniez ainsi le pain et le sang de la révélation et du dégoût. Je crache sur vous ! Et je vous jette à terre ! En mémoire de Satan, parce que vous prêchez le châtiment et la honte à ceux qui voudraient s'émanciper et rejeter l'esclavage de l'église !
(Il jette l'hostie consacrée et le sang au sol devant l'autel et crache dessus. À ce signe, toute l'assemblée se précipite dans des cris de haine et piétine le mélange. Ils se battent aussi pour les restes à utiliser dans des sorts privés)

Grand Prêtre
(Arrachant ses vêtements et les piétinant)
Ces ornements, insignes d'autorité, ne servent qu'à cacher la nudité qui est seule acceptable à notre Seigneur Satan !
(Tout le coven déchire ses robes et tous vêtements dans des hurlements et grognements bestiaux. Le silence tombe quand le Grand Prêtre frappe un gong, provoquant un effet de coup de tonnerre. Le Grand Prêtre lève la main gauche, aidant l'Initiée chancelante et apparemment droguée à descendre de l'autel pour se tenir nue devant le coven désormais nu)
Initiée, tu m'as bien servi ! Lève-toi et rejoins

Livre du Rituel Satanique

ceux qui sont ici assemblés afin qu'ils te regardent et fassent de toi ce qu'ils désirent...
(L'Initiée est poussée au milieu de l'assemblée)

Grand Prêtre
(Annonçant la fin de la messe formelle, proclamant la bénédiction pour une virilité accrue et appelant à l'hommage à Satan par un festin, des danses et une orgie générale jusqu'à l'aube)
Moi, Prince des Démons et Grand Prêtre du Seigneur Satan, par cet acte vous libère de ce service. Préparez-vous à recevoir par moi la Bénédiction de notre Seigneur Satan, afin que vous honoriez le Créateur par le rite symbolique de son œuvre...
(Tandis que la cloche d'autel sonne à nouveau neuf fois, le Grand Prêtre circule parmi l'assemblée, touchant les organes génitaux de chaque membre du coven d'une bénédiction satanique spéciale pour assurer le succès de l'orgie qui suivra. Le sexe rituel est facultatif une fois la messe terminée)

Grand Prêtre
Ave Satanas ! Vade Lilith, vade retro Pan ! Deus maledictus est !!
Gloria tibi ! Domine Lucifere, per omnia saecula saeculorum. Amen !!
Fais ce que tu voudras sera toute la Loi !
Rege Satanas ! Hail Satan !

Livre du Rituel Satanique

Ave Satanas ! Hail Satan !
Hail Satan !! Hail Satan !

Coven
Hail Satan !! Hail Satan !
(L'orgie sexuelle rituelle commence – facultative)

Rituel de Destruction
Au nom du Chaos, Sam-Moveth-Az. Ob-Azoth Seigneur et Archidémon d'Infernus.
J'appelle les Cinq Portes du royaume sombre à s'effondrer. Que mes commandements chevauchent les vents hurlants de l'Abîme.
Ô Héraut de l'Enfer, voici : je prononce les Clés des 9 Angles et j'invoque le démon qui a enchaîné l'apocalypse, Abot-Thiavat, Maître des Sept, dont le nom est l'Oubli.
Par les Angles Ardents du Trapézoïde Étincelant par lesquels la 10e Clé (Malkuth) est brisée, la sentence de _____ a été prononcée.
Eurynome ! Cthonie ! Callrhoé ! Ekidne ! Ophioneus !
Samael ! Azazel ! Izidkiel ! Hanael ! Kepharel !
Les noms ont été prononcés, lâchez les Chiens de la Barrière et VENEZ, car le sceau est posé. Nous sommes semblables, et je vous invoque à travers moi-même afin que MA VOLONTÉ SOIT FAITE !
Par Ophioneus : Léviathan, Lève-toi ! Bouge !

Livre du Rituel Satanique

Apparais ! Quitte le vortex tourbillonnant au-delà de notre Cosmos et viens.
Voici la chèvre sans cornes, intacte, seule, nue devant vous, n'ayant que le Feu Noir qui brûle dans mon cœur. JE SUIS le mystère de VOTRE création ! Entre dans mon cœur et VA : frappe ! pourris ! brûle ! écrase ! consume et dévore !
Trouve ton ennemi avec ton chakra du cœur (pas avec le chakra de l'œil-tête). Avec le chakra de l'œil-tête regarde comme si tu regardais d'en haut et SOUILLE l'ennemi. Puis coupe tout, détache-toi totalement. Oublie même que tu l'as fait ! Détachement total.

Explication :
La 10e Clé est Malkuth après que Bahu s'est brisée. Thiavat en sort par la colonne du milieu – ou la Porte Abot. Le Thiavat-Bahu combiné est la Racine des 7 « Forces de Lumière », d'où leur Maître.
Les Chiens de la Barrière sont les Furies, les cinq Daimones. Il y a une sensation de tourbillon associée à cette magie, et un son de hurlement ou une sorte de chant-hurlement flûté que l'on peut « entendre ». Sam-Moveth-Az représente le Vortex Obic au-dessus du 1er. Ophioneus est ce qui est sorti du 10e en dernier. Léviathan est la culmination des deux, la totalité. La chèvre sans cornes est la personne qui lance le sort, signifiant qu'elle a été blessée ou privée de ses cornes – métaphoriquement. Intacte signifie

Livre du Rituel Satanique

qu'on ne se tient pas la main avec quiconque dans ce sort. Seule signifie qu'une seule personne accomplit ce sort, même si d'autres sont présents. Nue ne signifie pas nécessairement se déshabiller mais on le peut – cela signifie INNOCENT de motif, pur de cœur – cela signifie que vous n'avez plus rien sauf la Flamme Noire qui est le Soi Seul. Les épithètes 1. frappe, 2. pourris, 3. brûle, 4. écrase et 5. consume dévore – voilà comment le Thiavat-comme-Ob descend par le Vortex à travers la colonne du milieu. Ce sont les attributs des Séraphins punisseurs, messagers courroucés. Gardiens des Cinq Portes.
Tiphereth est traversé, c'est le cœur où brûle le Feu Noir. Vous appelez cela dans votre CŒUR et l'envoyez comme le sort le dit. Angles Ardents du Trapézoïde sont les 7 forces de lumière avec l'obscurité à l'intérieur comme montré dans l'article « Tantra ».

Briser les 9 angles : 5 sur l'étoile les alphas/points plus quatre sur le trapézoïde semblent écraser vers l'intérieur – les 4 sur le trapézoïde sont le Tétragramme – et n'ont rien à voir avec un « nom de Dieu ».

1. Se tenir face à la direction de son choix
2. Inspirer pleinement. Exhaler lentement en soutenant le son « I » (son aigu iiiiiii !) en visualisant une énergie sombre dans la tête.

Livre du Rituel Satanique

3. Inspirer pleinement. Exhaler lentement en soutenant le son « E » (son plus grave eeeeeh !) en visualisant une énergie sombre dans la gorge.
4. Inspirer pleinement. Exhaler lentement en soutenant le son « A » (son profond aaaaaah !) en visualisant une énergie sombre dans le cœur et les poumons, qui se répand dans les muscles des membres.
5. Comme au 2, mais le son « O » (oooooh !) dans la zone du ventre.
6. Comme au 2, mais le son « U » (très profond uuuuur !) dans la zone génitale/anale.
7. Répéter 6, puis 5, 4, 3, 2 en remontant vers la tête.
8. Tracer le pentagramme inversé devant soi (soit réellement au sol, soit dans l'œil de l'esprit en traçant avec le bras). Dire : « SAMAEL »
9. Avancer au point suivant ou à gauche. Tracer le pentagramme inversé et dire : « LUCIFER »
10. Avancer au point suivant ou à gauche. Tracer le pentagramme inversé et dire : « SATAN »
11. Avancer au point suivant ou à gauche. Tracer le pentagramme inversé et dire : « AZAZEL »
12. Avanc

Livre du Rituel Satanique

er au point suivant ou à gauche. Tracer le pentagramme inversé et dire : « LÉVIATHAN »

13. Faire face au pentagone au centre ou avancer encore à gauche. Bras écartés, dire:
« Devant moi à ma droite SAMAEL
Devant moi à ma gauche AZAZEL
À côté de moi à gauche LUCIFER
À côté de moi à droite SATAN
Derrière moi LÉVIATHAN
Autour de moi flambe l'étoile de BAPHOMET, la Mère/Père de Tout !
En moi brûle la Flamme Noire du feu vital ! »

14. Répéter les étapes 2 à 7

Rituel de la Flamme Noire
Vous aurez besoin d'une cloche et d'une coupe de vin (ou d'eau).
Marcher en cercle dans le sens antihoraire en sonnant la cloche 9 fois.

Exécuter intégralement le Rituel de Baphomet.
Puis dire :
Voici ! La terre, mon habitation, mon lieu de plaisir et de douleur. Je suis ici pour reconnaître mon lien avec elle et ses lois… les lois charnelles de l'homme… la vérité !
Je suis ici aujourd'hui pour proclamer ma vie au don et au pouvoir de la Bête, la bête en moi…

Livre du Rituel Satanique

le vrai Soi !

Sonner la cloche.
J'appelle ma flamme noire intérieure depuis les cinq angles de notre Signe, notre Glyphe ancien.
Face au point supérieur droit du pentacle :
Gardien de l'Angle de la Porte, Source de mon être matériel, lieu de mon habitation et de la terre. J'appelle Samael !

Sonner la cloche.
Face au point supérieur gauche :
Gardien de l'Angle de la Flamme, l'Étincelle dans l'œil de la Grande Obscurité, lieu de mon cœur, j'appelle Azazel !

Sonner la cloche.
Face au point inférieur gauche :
Gardien de l'Angle de Lumière et d'air, force de mon souffle, demeure de l'illuminé, j'appelle Lucifer !

Sonner la cloche.
Face au point inférieur droit :
Gardien de l'Angle du feu impie, la flamme intérieure de l'indulgence, demeure du prince des ténèbres. J'appelle Satan !

Sonner la cloche.
Face au point inférieur du pentacle :

Livre du Rituel Satanique

Gardien de l'angle de la mer profonde... le serpent jaillissant. Lieu de ma création et Racine de mon Être. J'appelle Léviathan !

Sonner la cloche.
Et au-dessus de moi, la puissance et la gloire par-dessus tout, le Soi ! L'humanité dans sa gloire, je suis une véritable manifestation de sa grandeur. Shemhemphorash ! Hail à toi-même !
Je suis ici pour me réaliser et me bénir dans la Flamme Noire de vérité. Je suis ici pour me délivrer de la fausse connaissance et de l'auto-illusion, je suis ici pour ouvrir le chemin à ma nature charnelle.
Moi, bête des champs, être de chair, je me proclame sataniste.
Je rejette toute connaissance fausse et toute auto-illusion.
Je vis la vie pour moi-même et ceux que j'aime.
Boire à la coupe d'eau (ou de vin) et dire :
Je participe à cette bénédiction, je suis fortifié par ce mélange charnel, au nom des Cinq dont les Angles forment le Pentacle, et de tous les Dieux des Ténèbres Extérieures. Je suis investi de pouvoir par la flamme noire intérieure. Je marche dans le monde et je prends part à mes désirs et à ma vraie nature. Shemhemphorash, hail à toi-même !

Exécuter à nouveau le Rituel de Baphomet.
C'est accompli.

Livre du Rituel Satanique

Sonner la cloche 9 fois pour clore.

Les gens sont fascinés par les listes Top 10, alors j'ai pensé proposer un Top 10 satanique : Comment améliorer vos rituels de magie satanique. Puisque je réponds souvent à des questions sur ce sujet, commençons.

Numéro 10 : Attendez des résultats
Je suis surpris du nombre de praticiens qui n'imaginent ni n'attendent sérieusement de résultats de leurs travaux. Pourquoi ? Le rituel est vain sans objectif clair.

Numéro 9 : Croyez
Quand un rituel est accompli, il ne faut pas seulement attendre que quelque chose arrive, il faut y croire. L'un sans l'autre équivaut à perdre son temps.

Numéro 8 : Planifiez et préparez
Vous devez réfléchir au rituel et connaître la direction du travail magique. L'ordre est bénéfique sauf quand la folie et le chaos sont nécessaires. Écrivez vos sorts, maléfices, etc., et même un script si vous le désirez. Votre travail sera plus fluide et vous utiliserez votre temps de façon optimale.

Numéro 7 : Bénissez votre corps
L'hygiène est importante dans les arts noirs

pendant les rituels… cela montre le respect envers les êtres que vous invitez. C'est aussi plus agréable pour tous après la cérémonie qui pourraient s'adonner aux plaisirs charnels.

Numéro 6 : Bénissez votre Temple
Nettoyer votre temple ou sanctum est une autre forme de respect. Bon ménage mis à part, disposer l'autel, les bougies, etc., permettra une cérémonie fluide. Vous devriez vous concentrer sur la magie plutôt que de trébucher sur un chandelier ou autre objet sacramentel. Assurez-vous d'avoir tout ce qu'il faut pour le rituel.

Numéro 5 : Créez la pensée de groupe
Vous devriez discuter et élaborer un plan avec le groupe sur ce à quoi s'attendre. Cela va de pair avec les numéros 9 et 10.

Numéro 4 : Préparez les Initiés
Bien que le théâtre et l'effet visuel jouent un rôle avec les Initiés, assurez-vous de leur donner une brève rassurance : tout le monde passe par une initiation et personne n'est là pour leur faire délibérément du mal. Ils deviennent frère ou sœur satanique du coven et cette nuit restera gravée dans leur mémoire pour des années.

Numéro 3 : Ouvrez votre Volonté
En groupe, vous devriez ouvrir votre volonté à tous les Démons de l'Enfer et à Satan Lui-

même. Tout ce qui est désiré devrait être exaucé si possible pendant le rituel. Ne vous retenez pas ; laissez-vous aller.

Numéro 2 : Concentrez-vous
Vous avez planifié, imaginé et maintenant vous attendez des résultats. Quand cela commence à se dérouler devant vous, NE VOUS ARRÊTEZ PAS ! Vous ne voulez pas souffrir d'un Coïtus Interruptus magique… continuez le rituel comme prévu et ne vous arrêtez que si l'être vous l'ordonne.

Numéro 1 : Documentez
Consignez le rituel dans votre Grimoire satanique pour étude et révision ultérieures. Votre magie deviendra meilleure et plus puissante quand vous saurez ce qui a bien fonctionné et ce qui n'a pas marché. Prenez aussi un moment pour remercier personnellement l'être ou les êtres qui ont honoré votre travail de leur présence. Cela instaure une faveur pour qu'ils reviennent dans votre groupe à l'avenir.

Suivre ces étapes simples vous aidera à atteindre de nouveaux sommets dans vos Rituels sataniques, sorts, maléfices, etc.

Livre du Rituel Satanique

Livre du Rituel Satanique

Troisième Partie

Dans le monde du satanisme, les opposés jouent un rôle dans le suivi quotidien du Sentier de la Main Gauche. Anton LaVey écrivit dans Les Rituels Sataniques : « Sur l'autel du Diable, le haut est le bas, le plaisir est douleur, les ténèbres sont lumière, l'esclavage est liberté, et la folie est santé d'esprit. »
La chambre rituélique satanique est le cadre idéal pour accueillir des pensées inavouables ou un véritable palais de la perversité. Les opposés, comme toute opposition, sont des extrêmes polaires directs. Dans le cas d'un aimant, les pôles opposés créent en réalité une grande source de puissance. L'opposition dans la vie humaine est, pour le sataniste, une bonne chose. Nous apprenons à aiguiser nos forces énergétiques et à les transformer en une force capable de changer la réalité. La perception est la réalité, et la perception dans laquelle se trouve votre adversaire vous sera d'un grand bénéfice dans toute situation d'opposition.
En résumé, cela définit la magie. Modifier la réalité devient la réalité, et déplacer l'énergie comme on le souhaite est le plus grand de tous les processus magiques pour le sataniste. Ce n'est pas quelque chose que l'on acquiert du jour au lendemain et, certainement, on ne peut créer la connaissance à partir de l'ignorance sans un changement de motivation et de

comportement. Les anciens sorciers pratiquaient les arts sataniques et apprirent à canaliser l'énergie nécessaire pour changer la perception (et les circonstances) des scénarios tout en consignant leurs opérations expérimentales dans des grimoires.

Apprendre ce qui fonctionnait et ce qui ne fonctionnait pas était l'étape la plus critique du processus ; sans cela, les processus magiques ne seraient que des répétitions futiles. Le résultat doit être accepté tel quel.

Un humain ne saura jamais plus que ce à quoi 1) il est exposé ou 2) ce qui est perçu par l'un des cinq sens. Il n'existe pas de connaissance spontanée. Si vous êtes entré dans le satanisme en quête de connaissance, vous apprendrez si vous vous ouvrez à l'expérience du satanisme.

Vous devez être prêt à investir dans votre objectif et poursuivre sans relâche la connaissance satanique ; sans cela, vous perdrez votre temps.

Bien que les opposés puissent s'attirer, c'est le praticien habile qui peut canaliser l'énergie magique de telle sorte que deux changements se produisent simultanément : Changement de Perception et Changement de Réalité. Pendant un travail magique, le coven tente de tirer parti des forces du groupe tout en minimisant les faiblesses… et oui, même les satanistes aux ÉGOS SURDIMENSIONNÉS ont des

faiblesses.
Note : Très souvent, leur énorme ego est leur faiblesse ; cela leur permet d'être guidés comme des moutons vers l'abattoir proverbial.
La perception peut être changée simplement en déplaçant les variables du paysage cognitif pour les réorganiser à votre convenance. Les femmes se maquillent, portent des talons hauts et changent de coiffure pour modifier la perception… la façon dont elles sont perçues. Les hommes se teignent les cheveux, conduisent une voiture de sport et se vantent de la femme avec qui ils ont couché la veille. Cela change la perception des gens. Dans le satanisme, comme en magie, changer la perception fonctionne de la même manière mais doit être accompli par un processus.
Si vous lancez un sort à l'homme/femme que vous désirez, vous utiliserez des opérations magiques pendant le rituel pour les rendre plus ouverts et réceptifs à vos avances, ou vous pouvez simplement vouloir leur attention et laisser le changement de réalité conclure l'affaire.
En même temps, le rituel sert de véhicule par lequel la réalité peut être modifiée afin que vous gagniez un avantage ; quel qu'il soit. Là encore, les opérations du rituel vous permettront de changer la réalité et d'en récolter les bénéfices, comme appeler cet homme/cette femme vôtre. Ces sorts et rituels sont puissants pour le

Livre du Rituel Satanique

sataniste compétent qui sait apprendre des grimoires sataniques créés il y a longtemps.

Le changement est partout dans le monde et le sataniste doit accepter une topographie magique en perpétuelle évolution. Le sataniste sera toujours soumis à des changements en magie, énergie, coven, mode de vie, situation financière, etc., car c'est la nature même de la magie. Beaucoup de sorciers d'autrefois étaient nomades (généralement pour suivre la migration de leurs principales sources de nourriture) et c'est ainsi que naquit le stigmate des gitans et de ceux qui errent éternellement sur la terre.

Parce que nous, satanistes, vivons dans un changement continu, nous pouvons (et le faisons souvent) profiter des changements qui se produisent autour de nous. Les humains sont des créatures d'habitude et s'adapter au changement permet au sataniste de tirer parti du chaos qui accompagne généralement les périodes de changement.

Se concentrer sur ceux qui gèrent mal les difficultés liées au changement permettra au praticien d'exploiter cette caractéristique de façon magique. Si vous savez que _____ provoquera _____, vous contrôlez désormais les variables dans ce qui peut souvent être une situation très complexe. Profitez de la confusion et de l'incertitude qui accompagnent les changements et vous serez en meilleure position pour obtenir ce que vous voulez par des opérations rituelles magiques.

On a dit que Nostradamus était un brillant prophète et que, grâce à sa connaissance des corps célestes, il put prédire certains des événements les plus importants de l'histoire de l'humanité. D'autres ont prétendu qu'il était un astrologue inepte, sans talent esthétique, incompétent, maladroit et, surtout, un plagiaire. Il est de notoriété publique que Nostradamus a repris beaucoup de ce qu'il a écrit dans d'autres livres et d'autres auteurs.

Ce qui est intéressant : la plupart des gens reconnaissent le nom de Nostradamus tandis que très, très peu reconnaîtraient les noms des auteurs dont il a emprunté les idées. Dites ce que vous voulez, mais il s'est certainement taillé une place dans l'histoire et un héritage qui vit encore aujourd'hui.

Nostradamus écrivit sur des sujets diaboliques, des idées controversées et des prophéties encore interprétées par les érudits. Il embrassa l'idée de la souffrance humaine à une échelle épique dans ses 942 quatrains.

Le gloom and doom vend toujours, mais il alla plus loin en impliquant réellement le lecteur dans ses écrits. Ces événements arriveraient à des gens comme le lecteur, et cela reliait le lecteur au sujet de la même manière qu'un Américain pourrait s'investir émotionnellement en lisant les récits du 11 septembre.

Livre du Rituel Satanique

Nostradamus trouva sa niche et travailla diligemment à écrire sur de nombreux sujets différents dans le contexte de la prédiction de l'avenir. Ainsi, il restera connu à jamais.

Le sataniste doit adopter la même approche de la magie. Il/elle doit apprendre, pratiquer, consigner et répéter encore et encore pour développer sa compétence. Nostradamus n'a peut-être pas été capable de prédire l'avenir, mais personne ne peut nier qu'il savait écrire !

Quiconque a lu mes livres ou visité AleisterNacht.com sait que j'aime les femmes. Je sais aussi que les femmes peuvent devenir certaines des praticiennes de magie satanique les plus puissantes. Celles qui sont prêtes à s'appliquer peuvent devenir puissantes, manipulatrices et magiquement compétentes, leur permettant de réaliser leurs désirs les plus profonds par le processus et l'application magique.

Magistra Templi Rex Blanche Barton a déclaré ceci à propos de la femme sataniste :

« Les femmes les plus intelligentes, les plus passionnées, les plus belles que j'aie rencontrées étaient satanistes. Je ne parle pas de belles à l'intérieur où ça compte vraiment ; je parle de femmes magnifiques, vibrantes, aux formes généreuses. La plupart des hommes non satanistes trouvent les femmes satanistes intimidantes – trop intelligentes ou trop belles, ou pire encore, les deux à la fois. Il faut une femme spéciale pour être sataniste. Seules les plus véritablement libérées sont appelées dans les légions de Satan. Jusqu'à récemment, le ratio d'hommes satanistes par rapport aux femmes était d'environ 10 pour 1, mais cela semble changer. »

« De plus en plus de jeunes femmes passent par le processus d'exploration du féminisme et de la Wicca, cherchant la fierté, l'identité et le pouvoir féminins, et ne découvrent que l'impuissance, les limitations et l'auto-justice puritaine. La Wicca et le féminisme partagent une attitude et une présentation molles et ternes. Les femmes satanistes aiment le drame/l'aventure et savent comment le conjurer pour elles-mêmes. »

« Les satanistes possèdent une complexité innée de l'esprit qui aspire à un examen et une spéculation sans compromis, et non à un pap confortablement superficiel. Nous n'avons pas besoin d'être réconfortés ; nous préférons les vents revigorants et cinglants de la vérité et de la terreur. »

Je suis d'accord avec cette déclaration. La femme sataniste peut ouvrir la porte au contrôle, au pouvoir, au respect, à l'attraction et, si elle le désire... ses ennemis trembleront de peur. J'ai eu le plaisir d'assister à des rituels avec certaines des femmes décrites ci-dessus et elles sont sans conteste parmi les satanistes magiquement les plus puissants que j'aie jamais eu le plaisir de rencontrer.

Une femme sataniste qui a l'esprit au bon endroit et bien préparée est une force impressionnante de la nature. Hail Satan !!!

J'ai beaucoup écrit sur la préparation rituelle et je couvre tous les aspects de la magie satanique dans mon livre Book of Satanic Magic. Un aspect de la préparation rituelle est le nettoyage du corps ; interne et externe. S'ouvrir au nettoyage interne permet au praticien d'expulser toute énergie négative stockée tout en éliminant les blocages des chakras du corps.

Le nettoyage externe est accompli par le bain et constitue une importante démonstration de respect envers le(s) démon(s) à invoquer et envers Satan lui-même. Nettoyer le corps physique montre aussi du respect aux autres membres du coven qui participent à des rituels à orientation sexuelle nécessitant certains actes pour augmenter l'énergie satanique à utiliser. J'explique comment cela fonctionne dans plusieurs livres.

La magie sexuelle satanique utilise l'énergie climax puissante pour l'envoyer dans l'atmosphère où elle accompagne l'opération magique (et souvent un démon) pour accomplir les désirs du praticien.

Deux ou trois heures avant le début du rituel proprement dit, j'invite souvent un ou deux membres du coven à prendre une douche avec moi dans le cadre de la préparation rituelle. Pour moi, avoir l'occasion de me baigner avec une femme (ou des femmes) est un événement très sensuel, érotique et agréable en préparation d'un rituel. Il y a une connexion entre nous puisque nous nous mettons à l'unisson non seulement avec le rituel à venir mais aussi avec nos corps.

L'objectif n'est pas d'avoir des relations sexuelles ; cela viendra plus tard pendant le rituel. L'objectif est de s'exciter lentement l'un l'autre pour créer une énergie qui sera libérée plus tard pendant le rituel.

Le rituel satanique est très important et améliorer la performance du rituel est primordial pour le flux magique d'énergie. Le rituel est, en fait, ce qui fait que la magie se produit. Sans rituel ou sans prendre le temps de rendre un rituel satisfaisant pour Satan, vous ne pouvez vous attendre qu'à l'échec.

J'ai essayé de clarifier ces points dans des livres précédents. Je crois que, compte tenu du passé et de mon expérience, je peux parler intelligemment des arts noirs et plus particulièrement du rituel satanique. Je reçois beaucoup de correspondance et, souvent, les gens cherchent simplement un raccourci magique pour accéder aux bénédictions noires de Satan. Pour recevoir ces bénédictions de l'enfer, vous devez être prêt à ouvrir ces portes de l'enfer, ce qui signifie inviter ceux qui vous aideront dans une telle entreprise satanique.

C'est l'essence de la magie : sans rituel, la magie ne se produira pas ; sans préparation adéquate, le rituel sera inefficace ; et des rituels inefficaces égalent du temps et de l'énergie perdus. De plus, sans connaître l'issue du rituel et sans planifier un rituel qui se déroulera à une certaine date, à une certaine heure et d'une certaine manière, vous ne pouvez vous attendre qu'à l'échec. Satan recherche ceux qui ont la connaissance, la sagesse, l'endurance et la force de mener un rituel jusqu'à sa conclusion logique. Car sans le rituel, la magie ne se produira pas ; c'est un fait.

Quand on commence le rituel, capter le courant énergétique est probablement l'étape la plus importante. Satan (ou toute mesure de démons) peut se manifester pendant votre rituel ; surtout si vous invoquez directement ces esprits. Cependant, si vous n'invitez pas ces êtres dans votre rituel, vous vous préparez simplement à l'échec. Car comment la magie peut-elle vraiment fonctionner sans un messager transcendant pour livrer cette magie en votre nom ?

Les sorts de lien et les incantations sont importants à exécuter par le sataniste et doivent être réalisés selon la prescription ou la spécification requise pour délivrer cette énergie si importante.

Ni Satan ni ses démons ne respecteront une

Livre du Rituel Satanique

personne incapable ou refusant d'exécuter correctement un rituel satanique.

Les Esprits Libres (a.k.a. Libre-Penseurs) errent sur le royaume terrestre en quête de satisfaction pour une soif inextinguible. Les Esprits Libres explorent des réponses possibles aux questions de l'univers entier. Ces âmes courageuses rencontrent souvent le ridicule, les moqueries, les calomnies, les attaques verbales (parfois physiques) et autres menaces parce qu'elles posent une question qui irrite les menteurs espérant vendre le mensonge et, par la vitupération, aux masses... la question... Pourquoi ?

Le mot est minuscule et trivial jusqu'à ce qu'il soit posé au bon moment et au bon endroit. Utilisé correctement, le mot peut mettre la personne la plus puissante à genoux ; ou au moins la faire fuir comme l'ENFER. Il peut instiller la peur de SATAN chez une personne et ne peut être contourné s'il est formulé par un orateur habile. Il ouvre n'importe quel sujet à un examen minutieux et peut révéler des lacunes et les fissures métaphoriques sous la peinture.

J'ai aussi vu des Esprits Libres détruire un coven satanique basé sur et pratiquant des rituels bidon créés par un artiste bidon prétendant être un Magus satanique. Un seul Esprit Libre a mis fin à ce coven en posant simplement la question Pourquoi ? C'est une épée à double tranchant qui peut très bien trancher la prétention et révéler la vérité et les motifs.

L'Esprit Libre peut détruire presque à volonté. Aux yeux de la religion établie, un Esprit Libre est dangereux ; et bien que l'Église établie puisse adopter une posture d'accessibilité, elle a très peur de l'Esprit Libre. Un penseur dans un groupe peut bientôt discréditer un menteur, un escroc et/ou un dissimulateur.

Oui, une seule personne peut détenir le pouvoir d'une armée entière et l'Église établie le sait très bien.

Tout au long de l'histoire, les Esprits Libres ont formé l'opinion publique une fois qu'un média de communication viable était disponible. La vérité n'est pas toujours une bonne nouvelle et parfois ceux qui crient pour la vérité sont ceux qui tentent d'étouffer le message pour qu'il ne soit pas accessible aux masses.

Si un Esprit Libre remet en question l'idée ou l'opinion de quelqu'un bien ancré dans une organisation puissante, cela peut être une pilule amère pour l'Esprit Libre.

Par exemple, le paganisme a eu une grande influence sur le développement du christianisme, ce que beaucoup de chrétiens pratiquants ignorent aujourd'hui. Le culte d'Isis et Osiris parla le premier de renaissance et de résurrection, pierres angulaires du christianisme. Les images de Jésus sur les genoux de Marie furent copiées de celles d'Isis tenant son fils Horus.

Le culte de la Vierge fut influencé par les déesses plus anciennes : Isis, Déméter et Artémis, Marie partageant certains de ces épithètes de déesses. Personne ne peut citer avec précision la date réelle de naissance de Jésus ; les responsables de l'Église, dans un calcul très réfléchi, choisirent le 25 décembre, date d'abord associée aux jours saints païens. Dans un autre mouvement pour convertir les païens au christianisme, l'Église ferma les temples païens et ouvrit des églises sur les mêmes sites sacrés des divinités païennes.

Un Esprit Libre comprendrait certainement, et après diligence raisonnable, accepterait la déclaration ci-dessus s'il existait des preuves corroborantes et des sources vérifiables. Un chrétien, presque certainement, réfuterait la déclaration et tenterait de discréditer l'Esprit Libre, détournant ainsi l'attention des spectateurs de l'Esprit Libre au lieu du problème en question.

C'est une tactique défensive appelée redirection et elle est largement utilisée par l'Église aujourd'hui. Il suffit de remettre en question une croyance chrétienne de longue date pour voir la tactique en action. Désolé, je me suis écarté du sujet. Soyez un Esprit Libre pour le satanisme. Posez toujours des questions et ne vous contentez jamais d'un mensonge quand la vérité serait tellement plus libératrice.

Livre du Rituel Satanique

Tous les Démons ne sont pas mauvais, tout comme tous les Anges ne sont pas bons. Shakespeare l'a le mieux dit il y a 400 ans : « Il n'y a rien à craindre que la peur elle-même et l'Enfer est vide ; tous les diables sont ici. »

Il y a eu d'innombrables cas rapportés de possession démoniaque au cours de l'histoire. Certains sont légitimes et étayés, mais la plupart ne le sont pas. Dans la plupart des cas, on peut trouver une explication clinique ou autre pour ce qui est appelé possession.

À mesure que notre civilisation devient plus instruite et ouverte d'esprit concernant la possession, de plus en plus de cas sont rejetés pour ce qu'ils sont réellement : maladies physiques/mentales, abus de drogues ou autre rationalité.

Il existe cependant des événements qui ne rentrent pas proprement dans un ou plusieurs de ces diagnostics et sont classés comme Possession Démoniaque/Satanique.

Le dénouement de la psyché humaine est un événement effrayant lorsqu'il est mêlé à des démons. La possession n'est cependant pas toujours une affaire théâtrale ni telle que dépeinte dans le film L'Exorciste.

Croyez-le ou non, les démons préfèrent être des invités invités et attendent généralement que l'hôte leur tende une invitation par un rituel ou un autre dispositif magique. Les démons peuvent posséder un hôte non consentant mais cela est généralement précédé par l'hôte accomplissant un acte qui peut être mal interprété comme une invitation.

S'ouvrir aux forces sataniques ou démoniaques est une affaire sérieuse et doit être traité comme telle. Dans la culture populaire, la planche Ouija a joué un grand rôle dans l'ouverture de l'hôte en préparation de la possession. Quand une personne s'ouvre et soumet son esprit et son corps à l'être, le processus est mis en mouvement. Qu'elle soit intentionnelle ou non, une fois la chaîne d'événements déclenchée, le script doit être joué sur la scène qu'est la vie quotidienne.

Les bricoleurs occultes sont souvent les cobayes des fortes forces démoniaques. Une grosse erreur des bricoleurs est de sous-estimer le pouvoir et l'énergie démoniaques qui peuvent être facilement maniés par un être. J'assimile cette force à un courant de fond. Peu importe à quel point vous luttez pour nager contre le courant, vous ne ferez qu'épuiser toute votre énergie avant d'être emporté au large ou noyé.

Une fois dans l'emprise de la force, rien ne brisera la force. Des conséquences abjectes attendent certainement les bricoleurs.

Le mal peut être une puissance féroce et le prix pour l'avoir invoqué peut être trop élevé à payer pour l'ignorant ou le non préparé.

Le cas d'Anneliese Michel est généralement cité

par ceux qui tentent de prouver ou de réfuter la possession. Le cas a été qualifié par certains de maladie mentale, négligence, abus et hystérie religieuse. Elle souffrait d'épilepsie et fut traitée dans plusieurs cliniques en Allemagne à la fin des années soixante et au début des années soixante-dix. Catholique fervente, Michel commença à attribuer son état à une possession démoniaque. Michel devint intolérante aux lieux et objets sacrés, comme le crucifix, qu'elle attribuait à sa propre possession démoniaque.

Une fois convaincue de sa possession, Anneliese, ses parents et l'exorciste arrêtèrent de chercher un traitement médical et remirent son sort uniquement entre les mains des rites d'exorcisme. Soixante-sept sessions d'exorcisme, une ou deux par semaine, durant jusqu'à quatre heures, furent réalisées sur environ dix mois en 1975 et 1976. Le 1er juillet 1976, Anneliese mourut dans son sommeil.

De tels événements ont été sensationnalisés dans les médias comme des possessions ; cependant, la plupart ont une explication logique qui n'inclut ni démons ni Satan. La possession est bien plus subtile que la plupart des gens ne le croient et, bien que vomir de la soupe aux pois soit plus divertissant, le fait est que la plupart des luttes entre le bien et le mal se déroulent dans le cerveau de la personne possédée.

Livre du Rituel Satanique

C'est plus dangereux que les manifestations physiques parce qu'il est difficile de diagnostiquer ce qui ne peut être vu. Il ne fait aucun doute que certaines personnes commettant des actes indicibles sur l'humanité sont en réalité possédées démoniaquement ; pas toutes, mais certaines.

Un magicien habile peut inviter des démons à l'habiter pendant qu'il accomplit des rituels et des sorts. La préparation est importante et la connaissance du Démoniaque et du Satanique est requise pour réussir.

Familier – En démonologie occidentale, petit animal ou diablotin gardé comme serviteur d'une sorcière, donné par le diable ou hérité d'une autre sorcière. Le familier était un démon de bas rang qui prenait n'importe quelle forme animale, comme un crapaud, un chien, un insecte ou un chat noir.

Parfois le familier était décrit comme une créature grotesque de fantaisie, un amalgame de plusieurs créatures. On croyait que le familier se nourrissait en suçant le sang des doigts d'une sorcière ou d'autres protubérances de son corps comme un grain de beauté ou une verrue. Pendant les procès de sorcellerie européens des XVe-XVIIe siècles, une sorcière suspectée était fouillée pour trouver les tétines par lesquelles elle nourrissait son familier ; celles-ci, comme les marques du diable, étaient considérées comme des signes certains de sa culpabilité.

Une conversation sur la possession démoniaque tourne souvent autour du sujet des Familiers et, franchement, la plupart des gens n'ont aucune idée de ce que sont les Familiers ou du rôle qu'ils sont censés jouer en démonologie ou dans le satanisme. Je voulais aborder ce sujet dans ma série sur la possession démoniaque puisque j'ai reçu des emails à ce sujet. Commençons, voulez-vous ? Comme indiqué dans la définition de Britannica du Familier, nous trouvons que certains éléments du folklore d'Halloween proviennent du Familier. La représentation des chats noirs, crapauds et autres créatures peut certainement être vue quelques semaines avant Halloween dans n'importe quel rayon de Target, Wal-Mart, Costco, etc.

Avant que les théoriciens du complot (ou les chrétiens) n'inventent une nouvelle histoire selon laquelle tous les détaillants adorent le diable, rappelons simplement que ce sont les consommateurs qui dictent ce qui est offert à la vente dans un magasin de détail. Ces entreprises ne tiennent pas de rituels sataniques à l'arrière du magasin pour s'assurer que le masque de Captain Jack Sparrow se vende… Disney peut-être, mais pas les autres détaillants.

La plupart d'entre nous aimons être effrayés en toute sécurité de temps en temps. Prenez par exemple la grande roue ou les montagnes russes à la foire ou au parc d'attractions. Nous voulons être poussés hors de notre zone de confort, mais personne ne veut mourir pour autant. Si la mort était l'objectif, l'épée de Captain Sparrow aurait une lame en acier inoxydable au lieu d'être en plastique. Puisque nous voulons ressentir la peur, nous recherchons les choses qui créeront le sentiment que nous désirons.

Les Familiers sont exactement cela : des objets (même des personnes ou des animaux) qui créent le sentiment désiré. C'est la même chose qui nous pousse à fréquenter des gens de même pensée et du même statut social et croyances.

Nous ne voulons pas traîner avec des gens qui ne nous inspirent pas, ne nous éduquent pas, ne nous comblent pas ou ne nous satisfont pas d'une quelconque manière. Nous voulons nous entourer de… Familiers.

Les Familiers viennent aussi avec un attribut intégré dont il peut parfois être très difficile de nous dissocier. Pour nous, le Familier porte de forts sentiments d'attachement et de dépendance ; deux attributs très difficiles à contrôler dans la psyché humaine.

Par exemple, si vous fumez une cigarette quand vous buvez de l'alcool, et que vous souhaitez arrêter de fumer, il peut être très difficile de résister à l'envie de fumer en buvant à l'avenir…

surtout au début. La même chose peut être vraie si vous fumez une cigarette avec votre première tasse de café le matin. Si vous arrêtez de fumer, ce café du matin appellera certainement une cigarette dans votre subconscient chaque matin jusqu'à ce que quelque chose d'autre remplisse ce vide dans la psyché collective.

Les Familiers sont extrêmement forts pour un toxicomane qui essaie d'arrêter son addiction. La personne qui fournit sa drogue de choix, les endroits où il se procure habituellement sa dose et l'odeur, le goût, etc., tout se combine pour rendre l'arrêt très difficile. L'addict est encouragé à changer de mode de vie, y compris la dissociation avec les dealers, les lieux et autres choses qui lui rappellent le high. Pas de sorcières, crapauds ou choses effrayantes… juste un recâblage psychologique de l'esprit. En résumé, les Familiers doivent être remplacés et évités à l'avenir pour prévenir la rechute.

Du point de vue de la possession démoniaque, les Familiers sont tout aussi importants. Du prêtre souhaitant bannir un démon au coven essayant d'étendre une invitation aux êtres bien au-delà de la portée de la terre, la connaissance des Familiers associés est tout aussi nécessaire et désirée.

Pour le prêtre qui travaille à partir du Rituale Romanum, identifier et retirer les Familiers aidera à briser la connexion cognitive entre possédé et possesseur. Pour le coven tentant d'attirer des démons, les Familiers sont utilisés avec la même vigueur.

Les sacrements et instruments rituels bénis sataniquement aideront à focaliser l'énergie et retireront aussi la langueur spirituelle en créant un point focal pour cette énergie, produisant ainsi les résultats désirés.

Utiliser ou omettre les Familiers est un aspect important de la démonologie et du satanisme. Le jeu de rôle en utilisant les Familiers est une méthode esthétique et théâtrale puissante pour ouvrir davantage l'esprit au subconscient et plonger dans la dimension spirituelle.

NOTE : Cela n'implique pas un diablotin allaité ou une sorcière aux seins pendants et douloureux... à moins que ce ne soient vos Familiers spécifiques !

Comme je l'ai dité précédemment, Satan et les Démons sont des êtres anthropomorphes réels. Je sais que certaines personnes ne croiront jamais aux démons ; cependant, une fois vus et expérimentés pour la première fois, le point de vue d'une personne change à jamais. Si vous lisez ce post en pensant « Ouais, bien sûr, les démons ne sont pas réels », alors vous n'avez jamais vécu le phénomène par vous-même. Que vous soyez chrétien, juif, athée, sataniste ou quoi que ce soit entre les deux, si vous n'avez pas d'expérience de première main avec les démons, vous n'êtes pas qualifié pour parler

Livre du Rituel Satanique

ou écrire sur le sujet… POINT FINAL !
Dans le livre intitulé Rituale Romanum – Le Manuel de l'Exorciste, il est expliqué comment l'Église catholique admet sa croyance en la possession démoniaque en écrivant, publiant et utilisant actuellement le document comme manuel de procédure avec une section entière sur l'exorcisme. Pourquoi l'Église écrirait-elle un tel livre si elle ne croyait pas que la possession a réellement lieu ?
Le Rite d'Exorcisme n'est pas seulement sanctionné par les paroisses locales mais certaines sections du Rituale Romanum sont figurativement expurgées par le Vatican en incluant la déclaration suivante dans les sections associées : Les textes du Rite d'Exorcisme sont réservés à l'étude et à l'usage des Prêtres Exorcistes qui exercent ce ministère sous la direction de l'Évêque diocésain.
En accord avec la ligne de pensée Hocus Pocus et la révélation des théoriciens du complot, l'Église refuse en réalité de mettre officiellement par écrit la section sélectionnée ; ainsi, le prêtre doit avoir un type de briefing de mission infaillible pour se préparer correctement à mener une guerre cognitive contre les démons de la Fosse Satanique.
Dans la Bible chrétienne, le Christ accomplit un exorcisme en chassant les démons du possédé. Que vous croyiez ou non que les événements de la Bible se soient réellement produits, un

précédent est certainement établi (stare decisis) à partir de ces mots écrits concernant la possession démoniaque. Pour ceux qui ont analysé l'interprétation visuelle de William Friedkin du livre de William Peter Blatty L'Exorciste, vous devez savoir qu'une large licence artistique a été appliquée au film ; bien que certaines parties soient exactes, d'autres sont purement esthétiques. Par exemple, j'ai vu des démons blesser des gens mais je n'ai jamais vu le démon causer des coupures, des défigurations ou autres blessures physiques à l'hôte démoniaque. Cela ne se passe pas ainsi et, bien que l'hôte ressente beaucoup d'inconfort pendant et après la possession, l'hôte n'est jamais défiguré.

Autre point : Les démons recherchent ceux qui recherchent les démons. C'est exact ; une personne qui bricole avec les démons est plus susceptible (et vulnérable) à la possession démoniaque que quelqu'un prenant des mesures préventives par l'éducation, la préparation et le bon sens. Je corresponds souvent avec ceux qui cherchent à conjurer un démon ; bien que ce soit certainement une chose admirable à aspirer, s'ils ne savent pas ce qu'ils font, ils peuvent involontairement ouvrir les portes de l'enfer et libérer un démon peu disposé à assister dans des entreprises magique.

Si vous souhaitez utiliser mes livres pour

conjurer des démons, je vous conseillerais de prendre des précautions et de vous éduquer avant toute tentative.
Caveat Emptor…………
J'aime écrire en phrases avec de petits morceaux savoureux ; je crois que le lecteur devrait exercer son cerveau pour assembler certaines choses pour son illumination. Bien que les énigmes soient trop vagues pour moi, je préfère une pointe d'obscurité.
Seuls les pauvres âmes impatientes qui croient être en retard pour leur destin veulent si vite que la fin de l'histoire soit révélée prématurément. Mon Book of Satanic Magic est probablement le livre le plus direct que j'aie écrit.
Je suis souvent contacté par des lecteurs qui estiment que le temps presse et qui adoptent une approche précipitée, semblant vouloir que je régurgite les réponses à leurs questions sans une pensée, hésitation ou sans les évaluer comme une âme légitime cherchant une aide réelle ou un vilain imp cherchant à me piéger avec mes propres mots.
Oui, il y a ces antipodes qui souhaitent se faire paraître intelligents par l'humiliation publique du vrai et du savant. Je ne suis pas immunisé contre ces bigots trompeurs, ces faux-semblants théologiques et ces jeux ; pour aider ceux qui ont vraiment besoin d'aide, tous doivent passer par un processus de vérification. Je préfère la Méthode Socratique

Livre du Rituel Satanique

d'enseignement ; elle conduit l'étudiant dialectique à la réponse comme une progression normale et enseigne à l'étudiant à apprendre à apprendre. Si cela semble confus, considérez le fait que beaucoup de gens préfèrent qu'on leur dise quoi croire plutôt que de découvrir la vérité par eux-mêmes.

Mon exemple : l'Église chrétienne. Je ne fouetterai pas ce cheval mourant pendant ce post, alors... revenons au sujet.

Certains désaccords sont des méthodes positives de remue-méninges et tant que les canaux de communication restent ouverts et que les deux parties continuent leur volée dialectique, la réponse deviendra plus claire à chaque discussion. Trouver une solution qui résulte en une situation gagnant-gagnant devrait être l'objectif ultime.

J'ai visité certains sites et forums sataniques qui sont de la pure connerie concernant le satanisme. Aucune idée intelligente n'est échangée ; les gens ont peur de soumettre des idées parce que les administrateurs non seulement prennent immédiatement une antithèse mais rabaissent et humilient la personne au point que d'autres soi-disant membres montent dans le wagon avec des commentaires grossiers et des attaques personnelles. Leur forum n'est rien d'autre que de la pontification mal guidée et un groupe de simples d'esprit agitant l'El Diablo (Mano

Livre du Rituel Satanique

Cornuto) en chantant Hail Satan.
L'idée même que Satan permettrait à ces imbéciles obtus d'entrer dans SA cour n'est ni risible ni triviale. Ce que ces idiots mal guidés ne comprennent pas, c'est qu'ils se nuisent à eux-mêmes et qu'un sous-produit de leur stupidité. Satan ne sera pas moqué. IL leur donnera autant de corde qu'il leur en faut pour la passer autour de leur cou pathétique. Je digresse encore.
Je rencontre aussi les jeunes femmes qui veulent symboliquement (ou réellement) baiser leur chemin vers la compréhension satanique… une approche de chouchoute de l'enseignant. Comme la plupart des gens le savent, j'ai une faiblesse pour les femmes ; je l'ai toujours eue et je l'aurai toujours. J'aime le toucher, le goût, l'odeur et autres attributs du sexe opposé. Il y a des femmes merveilleuses et magnifiques là dehors ; je reçois des photos nues d'elles chaque semaine et j'aime lustrer chacune d'elles. Toutes les femmes ont une certaine qualité qui les distingue des autres et les rend alléchantes. J'aime l'attention. C'est ce qui me rapproche le plus d'une Rock Star.
Bien que l'offre soit grande et flatteuse, une femme devrait comprendre qu'elle doit prendre les Arts Sataniques au sérieux et que cela ne signifie pas qu'elle doive se prostituer pour gagner la connaissance. D'autres religions limitent les tâches ou stations qu'une femme

peut occuper dans l'organisation ; le satanisme, lui, ne limite en rien la femme.

Tout le monde est encouragé à élargir ses horizons et à apprendre autant que possible. Les religions qui limitent la connaissance sacrée à quelques-uns devraient immédiatement faire sonner une ALARME ROUGE pour quelqu'un envisageant de rejoindre leur giron. Le satanisme ne cherche pas à étouffer l'apprentissage... si le leader essaie, VOUS DEVEZ QUITTER LE GROUPE IMMÉDIATEMENT !!!!!

Je tire une grande satisfaction à aider ceux qui tentent vraiment d'apprendre les arts sataniques. Dans certains cas, je me force même à voir les choses à travers leurs yeux et à comprendre non seulement d'où ils viennent mais où ils vont. J'ai même développé des relations qui ont amené la personne dans notre coven affilié. Pour moi, c'est une merveilleuse récompense.

Je vous encourage, lecteur, à vous mettre au défi d'acquérir une compréhension plus profonde des Arts Noirs. De petits morceaux d'information, aussi succulents qu'un amuse-bouche, vous attendent. Déverrouillez les secrets et cherchez à vous éduquer en formulant vos propres croyances à la suite d'une recherche diligente et intelligente.

Tout le monde veut savoir quelque chose que personne d'autre ne sait. La connaissance est pouvoir. Savoir la fin d'une histoire, la chute d'une blague ou le gagnant d'un concours avant la fin est puissant et impressionnant. Le bien et le mal ont beaucoup en commun et pourtant ils sont séparés par des excuses et des bavardages. Les deux ont des secrets et des serrures que seules les clés de la connaissance ouvriront.

Du ventre à la tombe, la quête de l'épée puissante et à double tranchant du silence est trouvée et oubliée. Du sang est versé et des vies éteintes dans le laps de temps dédié à cet unique événement de penchant. La haine trouve l'amour et la mort s'éveille dans la tombe. Quand le dernier souffle exhalé sera-t-il rendu et l'autre côté embrassé et accepté ? La mort nous attend tous et la troncature des heures en secondes n'atténuera pas l'inévitable. Le silence est d'or mais il peut aussi être la mort d'une organisation. Sans le flux d'énergie, l'ordre devient stagnant et la nouveauté s'émousse. Le satanisme en est un exemple parfait.

La jeunesse et la vitalité sont des attributs convoités dans le monde entier. Les jeunes hommes sont vus comme capables de transmettre la semence de vie dans le cycle sans fin. Les jeunes femmes sont vues comme fraîches ; leurs seins généreux promettant une nutrition abondante pour les nouveau-nés et leur fente humide dégoulinant de désir. Elle peut

créer et favoriser l'avenir. Elle peut calmer la rage. À travers ses nombreux orgasmes pulsants, elle invite le sperme du guerrier dans son espace privé qu'elle ne partage qu'avec celui avec qui elle choisit de partager son cœur. Entrer en elle est si excitant.
Les membres chantent et l'air s'épaissit d'énergie. Les versets sont lus et les réponses de nombreux appellent en répétition. Les bougies sont la seule lumière bien qu'il y ait suffisamment d'illumination pour nos tâches de cette nuit. Les démons errant sur la terre ont réconfort et un foyer avec nous tandis que la lune tranche le rideau de la nuit. Entrez et rejoignez-nous.
Nous accomplissons l'œuvre du Père. L'odeur de l'encens emplit l'air. Notre temple, notre vide adorateur impie dans l'immensité du vide, et nous le remplissons de cris de douleur et de joie. Nous créons une frénésie de luxures et invitons le mal à s'allonger sur notre autel. Le destin est l'absence de direction ; un voyage véritablement sans cause pour les lâches. Nous savons ce que nous faisons ; ce que nous disons... nous sommes fiers de pouvoir offrir la peau la plus précieuse des jeunes, si blanche et pâle, à peine une tache sur la toile que nous sommes sur le point de peindre avec nos fluides tombés. Attachée aux quatre coins pour sécuriser l'inévitable.
Le secret qu'elle est venue chercher et cette nuit

elle nous connaîtra tous. Dans notre club nous l'accueillons et dans notre famille nous l'acceptons et la présentons à notre quorum. Je me lèche les lèvres et la cloche sonne la 9e. Ouvrez la poitrine avec l'air du cri et réclamez les ténèbres car elles nous appartiennent ; SES enfants.

Nous tombons en extase satanique et l'odeur d'elle flotte sur l'air chauffé des bougies. J'aime ton Athamé... je te tiendrai fermement cette nuit. Avec précision tu nous permettras de participer à une grande énergie car NOUS SOMMES DES DIEUX !

À travers le cou de la honte je pose ma lame ; tu n'intimides pas notre enfant et nous nous tiendrons grands et ferons sonner la cloche satanique.

In Nomine Dei Nostri Satanas, Luciferi Excelsi.........

Mes yeux sont des portes ouvertes pour la concupiscence d'elle... je peux à peine retenir mes motivations impies. Ma robe se réchauffe de désir. Mon épée est comme l'acier forgé et mes mains sont impatientes pour l'entropie du rituel et des bénédictions. La soie glisse doucement sur mon sceptre. Une fine ligne de rosée de fissure lubrique reste sur le tissu. L'hostie doit être piétinée avant......

Nous sommes dressés avec les portes devant nous. Nous Le saluons avec une grande exaltation. IL est avec nous à nouveau. Ma tête

tourne, mes mains sont moites d'excitation. César n'a jamais connu telle adoration et dévotion. Car si nous goûtons la mort cette nuit, nous aurons vu ce que d'autres ne font que rêver et désirer.
SATAN est avec nous et à LUI nous donnons les remerciements et la gloire.
Gloria in Excelsis Diaboli !!
Le calice sera bientôt rempli de l'élixir de vigueur et de vitalité intense. Buvez avec LUI et que tous soient témoins de Son pouvoir et de Son intensité impressionnants.
Elle est à LUI et nous la congrégation noire assemblée.
Une hostie, un trait, un cri !!!! Tous… priez……… Amen……… Mal… Délivre……
Nous sommes à l'unisson.
Elle hurle !!!! Le destin est pour les lâches. Cette nuit ouvrira grand sa porte et elle nous connaîtra tous. Je bénis le calice et le tiens aux lèvres invitantes de la Grande Prêtresse. Elle rend grâce et embrasse profondément mes lèvres. Ses cheveux sont longs et noirs flottants. J'ai appelé son cœur et son âme avec un refrain doux.
Elle s'agenouille et me touche…… elle sait exactement comment un toucher peut amener un crescendo d'extase à un pageant merveilleux et frénétique d'art. Elle me prend pleinement et je commence à accélérer dans une ascension régulière vers le perchoir du

pinacle du sanctum. Chant, chant ; Pain Quotidien Notre Jour……
Ma tête tourne avec une passion sensible, croissante, amplifiée à chaque mouvement doux. Je vais bientôt la récompenser des victuailles de son labeur. Ciel En Art Qui….. Elle m'emmène dans cette sphère sublime où tout est vu dans la lenteur et dans une unité nous permettons au plus profond d'émerger. Le Père est indifférent au jeune halètement et cris comme un animal blessé dévoré en morceaux. Hail Satan !!!
J'explose alors qu'elle me pointe vers une Patène d'hosties dans sa main gauche. Je décharge la pleine charge sur le contenu de l'assiette. Le Père crie aussi fort que le tonnerre et se retire.
Les hosties absorbent alors le clairet de ses cuisses intérieures… si jeunes et tendres, elle tremble.
Notre Père, comme un éclair d'émeraude, part et à nous… SA bénédiction persiste. La Patène est jetée au sol et piétinée…… mes jambes sont faibles mais je prononce la bénédiction. Notre princesse est aidée par notre prêtresse à se mettre en position assise. C'est complet !
Elle est maintenant Famille et elle aura toujours quelqu'un qui veillera sur elle et les intérêts de notre Ordre Silencieux.
Silentium est Aureum……………..
Pendant d'incessantes études et recherches

pour mes livres, je trouve parfois un point intéressant à approfondir dans la quête d'illumination satanique.
Rituale Romanum.
Les mots eux-mêmes évoquent des pensées du satanique, ou du moins de l'occulte. Est-ce un grimoire sinistre écrit par un coven de sorcières ou un Magus accomplissant un rituel de sacrifice ?
Ni l'un ni l'autre. Le Rituale Romanum est en réalité un livre de sacrements de nul autre que l'Église catholique. Le livre, à l'origine écrit en latin pour ceux qui accomplissent des rituels bénis et sanctionnés par l'Église. Le livre couvre plusieurs rituels dont le Baptême, la Confirmation, la Pénitence, le Mariage et la Mort. Le Chapitre XIII est réservé à un rituel intéressant ; quelque chose que la plupart des gens n'associeraient jamais à l'Église chrétienne... Le Rite d'Exorcisme.
Au milieu d'un manuel pour prêtres, nous trouvons un sujet intéressant qui non seulement reconnaît la possession démoniaque mais explique la fondation institutionnelle comme un saint rempart ; complet avec des actions étape par étape pour aider le Prêtre à accomplir un exorcisme efficace et efficient du résident démoniaque.
La raison pour laquelle je m'étends autant à expliquer cela en détail est simplement un motif égoïste. J'ai maintenu que les démons et Satan

Livre du Rituel Satanique

lui-même sont des êtres réels et tangibles qui ont (et continuent actuellement de) se manifester pendant nos Rituels et cérémonies sataniques. J'ai rencontré moins qu'un soutien enthousiaste de la part d'autres dans la communauté satanique par le passé. Seuls ceux qui ont été témoins des événements enregistrés dans mes livres comme A Satanic Grimoire croient vraiment sans rouler des yeux ou rires contenus. J'admets, parfois en confessant de tels événements, je m'arrête souvent pour m'assurer que je ne deviens pas FOU mais c'est RÉEL. Je n'ai jamais menti ni embelli les événements et je les ai enregistrés exactement comme ils se sont produits.

Pour ajouter à mes preuves de l'existence d'êtres démoniaques, je soumets le Rituale Romanum. Pour explorer l'artère de la pensée religieuse, permettez-moi de commencer par préciser : je suis un croyant des démons et de Satan comme êtres anthropomorphes. Tout ce qui est moins serait un mensonge envers moi-même et je serai fidèle à mes croyances peu importe la réplique des non-croyants.

Mon premier point est assez simple et direct ; Si l'Église ne croyait pas (ou ne croit actuellement) à la manifestation physique des démons, pourquoi consacrerait-elle un chapitre dans son livre de procédures cérémonielles censé être interprété exactement comme écrit ? Le Rituale Romanum n'est pas un livre de philosophie ni un livre de fiction pure. Il manque aussi d'arguments ou de justifications rigides pour les rituels qu'il contient. Le livre ne demande pas à ceux impliqués s'ils croient au mariage, au baptême ou à la possession démoniaque ; ce fait est implicite et accepté... aucune discussion supplémentaire sur le sujet. Franchement, le Rituale Romanum reste silencieux sur la question de savoir si _____ existe et va directement à la méthode pour traiter le sujet. L'Église ouvrirait-elle une telle boîte de Pandore de questions et de spéculations si elle ne croyait pas sans équivoque aux êtres anthropomorphes également ?

Si vous remarquez, j'utilise le mot actuellement quand je pose la question sur la croyance de l'Église. Nous avons tous été témoins des sables mouvants du temps qui forcent l'Église établie à réévaluer ses positions sur de nombreux problèmes actuels et nous avons aussi vu les revirements sur certaines positions prises par l'Église par le passé.

Cela étant dit, il semblerait que si l'Église rejetait actuellement la possession et l'amalgame de telles revendications, la Section XIII aurait certainement été retirée du Rituale Romanum en accord avec la position changeante. Elle n'a pas été retirée du document et y demeure.

Les Litanies du Rituale Romanum soutiennent aussi l'acceptation des démons comme êtres réels et communicables ; capables de passer d'un humain à un autre par une méthodologie que les humains n'ont pas encore pu identifier positivement. Cela me rappelle le SIDA, quand il apparut pour la première fois dans les années 70 et 80. Certaines des mêmes questions furent posées sans informations, faits, données ou connaissances suffisantes. Le SIDA pouvait-il se transmettre par une poignée de main, un siège de toilettes ou si une personne éternuait… infecterait-il tout le monde à proximité de la personne infectée ? Tout le monde cherchait des réponses.

Dans les Litanies, la même inconnue est subliminalement communiquée au lecteur : Le démon peut-il entrer dans le prêtre, d'autres dans la pièce et/ou les infecter en les touchant, en leur parlant ou par d'autres méthodes ? La question centrale étant : Le mal est-il contagieux ? Peut-on attraper le mal ? Si l'Église était et est si sûre des questions de l'esprit, pourquoi une telle question serait-elle même posée dans un manuel au lieu d'un traité ou dissertation philosophique ? La réponse : L'Église toute-puissante est incertaine et ne peut parler intelligemment du sujet.

Le Rite d'Exorcisme n'est pas seulement sanctionné par les paroisses locales mais certaines sections du Rituale Romanum sont figurativement expurgées par le Vatican en incluant la déclaration suivante dans les sections associées : Les textes du Rite

Livre du Rituel Satanique

d'Exorcisme sont réservés à l'étude et à l'usage des Prêtres Exorcistes qui exercent ce ministère sous la direction de l'Évêque diocésain. En accord avec la ligne de pensée Hocus Pocus et la révélation des théoriciens du complot, l'Église refuse en réalité de mettre officiellement par écrit la section sélectionnée ; ainsi, le prêtre doit avoir un type de briefing de mission infaillible pour se préparer correctement à mener une guerre cognitive contre les démons de la Fosse Satanique.

Dans le dernier sous-titre de la Section XIII du Rituale Romanum subsiste Exorcisme de Satan et des Anges Déchus. Oui, le voilà en noir et blanc ; l'admission de la Possession Satanique, un fait que j'ai connu et témoigné de nombreuses fois au cours de ma vie. L'Église non seulement admet l'existence de ce phénomène mais offre aussi la checklist pour traiter avec le Bon Vieux Satan lui-même.

C'est la partie où je dois fournir quelques rires contenus. J'ai été témoin de Satan dans Son awe, gloire et puissance et je témoigne devant Lui qu'une poignée de mots bien choisis, quelques éclaboussures d'eau de toilette et un crucifix jeté pour faire bonne mesure ne contiendront pas – je répète NE CONTIENDRONT PAS – le Maître du Monde ni ne Le retiendront le moins du monde.

Satan et Ses démons sont tout-puissants. Vous ne pouvez pas et ne pourrez jamais contenir ce qui est simplement à des années-lumière devant votre compréhension humaniste. Comme je l'ai dit auparavant, nous ne contrôlons pas les démons ou Satan ; Ils nous contrôlent.

C'est une autre raison pour laquelle je reconnais immédiatement les gourous sataniques novices en lisant leurs pensées sur ce sujet. Vous ne pouvez pas et ne pourrez jamais commander aux forces des ténèbres d'apparaître, de faire vos quatre volontés ou tout autre commandement.

Ces êtres ne sont pas des animaux dressés… ils ne font pas de tours et si vous abordez la magie de cette perspective mal guidée, vous apprendrez la signification de la Colère du Diable.

Je digresse.

Quelques Points Importants

1. Satan est réel. Il est un être anthropomorphe capable de Se manifester comme une présence physique.
2. Les Démons sont réels. Ils peuvent aussi occuper l'espace physique dans notre monde.
3. L'Église établie sait que Satan et les Démons sont réels et peuvent posséder les humains de leur choix.
4. L'Église tente de fournir des conseils aux prêtres concernant la possession et

l'exorcisme à travers le Rituale Romanum.
5. L'Église continue de croire aux puissances des ténèbres et tente (sans succès) de les atténuer et contrôler.
6. Ni Satan ni Ses Démons ne peuvent être contrôlés, contraints ni commandés de faire quoi que ce soit ni de s'abstenir de faire quoi que ce soit qu'ils désirent. Ce langage de commandement utilisé par certains satanistes est la preuve de leur manque de compréhension et de connaissance satanique. Ces individus marchent dangereusement près d'une leçon très dure à apprendre.

PS : Rocher des Âges, tombe sur toi………

Livre du Rituel Satanique

Quatrième Partie

Je pratique les Arts Noirs Sataniques depuis la majeure partie de ma vie et c'est pourquoi j'ai une famille très, très étendue au sein de la communauté satanique.

Je n'emploie pas le mot « famille » à la légère. J'ai une merveilleuse famille qui adore ensemble et se soutient mutuellement. Lorsque j'étais impliqué dans l'Église chrétienne, je ne me suis jamais senti aussi proche ni aussi à l'aise qu'avec ma famille satanique. Au cœur même de ce sentiment se trouve mon coven local. Je ressens que le noyau de ma famille est le coven et que toute autre implication, qu'il s'agisse de covens affiliés ou de la communauté plus large, n'ajoute que de la valeur au groupe de base.

Tous les humains désirent appartenir à un groupe d'individus partageant les mêmes idées. Nous avons tous un profond besoin d'être désirés et aimés. Pour moi, le coven comble ce manque et me rend complet. Il y a aussi un autre avantage merveilleux à appartenir à un coven et à connaître intimement ses membres : la connexion mentale et sexuelle avec d'autres esprits apparentés démoniaques.

Le besoin de rapports sexuels est une force motrice extrêmement puissante dans la nature humaine ; il n'est surpassé que par la nourriture et l'eau, il n'est donc pas surprenant que les gens pensent constamment au sexe, en parlent, en rêvent et en fantasient. Le besoin de répandre la semence ou de recevoir et de nourrir le fluide même qui, combiné à l'ovule, peut donner naissance à un autre être humain est l'essence même de la perpétuation de l'espèce humaine. Le simple mot « intercourse » éveille des sensations chaleureuses dans les zones érogènes de l'homme comme de la femme ; tous deux brûlent et aspirent à satisfaire ces pulsions dans une libération orgasmique. Avec le passage du temps et l'échange libre de rencontres sexuelles dans tous les coins du monde, il était inévitable qu'un jour quelque chose tourne terriblement mal... entrez le SIDA.

Alors que l'épidémie balayait le globe, certains esprits étroits crurent que le SIDA était une maladie homosexuelle et que les hétérosexuels étaient immunisés contre cette maladie qui se répandait. Ce fut pendant cette période critique que de nombreux hétérosexuels contractèrent la maladie mortelle en raison de leur ignorance. Dans la société actuelle, chacun sait que des rapports sexuels non protégés peuvent être, littéralement, une sentence de mort. Alors qu'est-ce que tout cela a à voir avec le coven satanique ?

Dans le monde actuel de sexualité protégée et tendue, le coven satanique est une oasis dans le désert du célibat. Connaître les membres du

groupe sur un plan aussi intime est un avantage quand on doit affronter l'envie irrésistible de baiser. Oui, il existe de nombreuses alliances mutuellement bénéfiques qui peuvent être cultivées avec succès et les deux (ou plus) membres peuvent vivre des expériences très gratifiantes. Cela commence par le pénis et le vagin mais parfois, le partage de quelques moments de passion mène à une connexion bien plus profonde et révèle parfois le lien insaisissable d'âme sœur que tant de gens recherchent toute leur vie.
Un autre avantage est le fait que ni l'un ni l'autre n'a besoin de se sentir mal à l'aise, gêné ou embarrassé par ses désirs et/ou préférences. Dans le coven (comme dans le satanisme lui-même), il n'y a pas de place pour la honte ou la peur concernant sa sexualité. Si les deux (ou plus) individus sont satisfaits, mission accomplie. Qui veut se sentir jugé pour des désirs secrets qu'il souhaite voir réalisés ? Certainement pas un sataniste.
Le coven satanique peut être bien plus que des amis ; le coven peut être la forte colle sociale qui maintient les membres ensemble et leur permet de réaliser pleinement leur potentiel en tant que satanistes. Prenez le temps de cultiver des relations dans le coven et avec d'autres covens afin d'élargir vos connaissances de notre magie et de vous soutenir mutuellement tout en servant peut-être un besoin physique bien plus

Livre du Rituel Satanique

grand.

Extrait d'un article d'Andrew Crivilare
Les signes des Illuminati seraient soi-disant partout. Mais selon un professeur de l'Est, les Illuminati n'ont pas existé depuis plus de deux siècles et n'ont aucune intention de revenir.
Gustavo Albear, professeur adjoint en éducation secondaire et fondements, était l'orateur de la conférence « L'Histoire des Illuminati ». Albear a déclaré que les Illuminati furent bel et bien une organisation dont le but était d'éliminer l'influence religieuse dans les gouvernements européens, mais qu'elle s'effondra sous la pression politique avant la Révolution française.
« Vous n'allez plus en voir un se promener, ils ont disparu », a dit Albear. « Ils ont quitté la surface de la terre. »
Albear a expliqué que les premiers à porter le titre d'Illuminati furent ceux baptisés dans le christianisme, devenant ainsi illuminés par la connaissance de Dieu. Un groupe du XVIIIe siècle adopta le nom Illuminati. Ils complotèrent pour s'infiltrer parmi les puissants d'Europe en s'alignant sur les valeurs charitables de la franc-maçonnerie sans informer les gens de leur complot de trahison ou des dangers impliqués, a dit Albear.
Aujourd'hui, les Illuminati sont associés au satanisme et au culte du Diable, en partie à

cause de l'influence des médias populaires comme les histoires de Dan Brown, a dit Albear. « Je veux que vous compreniez que les Illuminati ne sont pas satanistes », a-t-il déclaré. « Tout ce que M. Brown enfonce là-dedans pour rigoler. »

Albear a dit que les liens des Francs-Maçons avec les Illuminati il y a plus de 200 ans continuent de colorer l'opinion publique sur qui sont les Maçons et leurs activités.

Je lis régulièrement de nombreux livres pour me faire une idée de la pensée et de la rationalité actuelles de la culture dominante. Certains posts sont assez intéressants et bien pensés, ce qui est très rafraîchissant à lire, tandis que d'autres ne sont qu'une suite de conneries sous forme de prose. Il y a de plus en plus de posts sombres et mélancoliques ces derniers temps ; certains sont bien faits comme de l'art élevé, d'autres ne sont que des jérémiades et des bavardages inutiles.

Il y a de plus en plus de livres suicidaires qui émergent dans le monde et, pour vous dire la vérité… cela devient vite lassant. Le monde est pourri, on leur a fait du tort et personne ne se soucie de personne d'autre… Essuyez vos larmes et faites quelque chose de vous-même. Chaque personne a quelque chose à offrir à la société alors déconnectez-vous et taisez-vous !! Il y a des gens qui ne seront jamais heureux et c'est un fait accepté. Je pense cependant que

certains de ces individus serviraient une vocation plus élevée s'ils arrêtaient de s'apitoyer sur leur sort.
Ce que vous mettez dans la vie est ce que vous en retirez ; si vous ne mettez que des plaintes, vous ne recevrez que de la misère. C'est un vice qui peut, à la fin, être mortel dans sa conclusion. RÉVEILLEZ-VOUS.
Depuis des semaines, je suis en ligne cette jeune femme qui traverse exactement ce cycle. Ce n'est pas une reine de beauté mais elle est agréable et certainement pas grotesque. Elle a des qualités et minimise simplement sa capacité à être plus que ce qu'elle est… actuellement. Je trouve cela une perte de temps, de ressources et finalement de sa jeunesse ; qui s'épuise si vite.
Elle est déterminée à pêcher des compliments de ses visiteurs. Je n'ai jamais commenté ni lui ai parlé. Je regarde tandis que soit de jeunes garçons, soit de vieux coquins jouent avec ses mots dans certaines insinuations sexuelles et réponses fastidieuses. Elle est comme un chiot cherchant l'approbation de ses invités tout en désirant profondément quelque chose de plus.
Elle veut quitter la ville où elle vit ; elle veut recommencer ; elle poste des photos de ses amis d'il y a longtemps dans une tentative inaccessible de ressusciter les bons vieux jours de son passé. Elle poste des photos de couples en train de copuler et d'actes de fellation et

cunnilingus tout en commentant un soupir ou des émoticons.

J'ai vu beaucoup de filles qui ont trouvé le satanisme après avoir pataugé dans le même cycle improductif et elles sont devenues des individus stables, heureux et satisfaits ; physiquement et spirituellement aussi. J'ai juré de rester silencieux mais peut-être que trouver Satan aurait le même impact et briserait la chaîne qui un jour, figurativement (et réellement), l'étranglera jusqu'à la mort.

Satan et les adeptes sataniques à travers le monde reconnaissent qu'une personne a des forces et qu'il y a des possibilités qui peuvent être libérées par le simple échange de mots. Si le monde ne veut pas ou n'a pas besoin de ces individus, le satanisme les accueillera volontiers à bras ouverts.

En tant que Magus, j'envisage les capacités d'une personne et je regarde au-delà de la valeur faciale pour trouver la force qui peut être réalisée de façon tangible par cette personne si elle arrête simplement de pleurer et commence à essayer. Il y a toujours de la place au festin satanique et Satan vous veut !!!

Quand vous travaillez des sorts de Magie Satanique, assurez-vous de vider votre esprit de tout sauf du focus du travail. Quand vous avez du mal à vous concentrer, vous devriez arrêter le travail rituel et méditer quelques minutes ou jusqu'à ce que vous puissiez contrôler vos pensées. C'est une partie très cruciale de la magie en général mais cela s'applique particulièrement aux sorts.

Le focus de votre énergie doit être précis ; il doit être affûté comme un point laser que vous contrôlez toujours et dont vous augmentez continuellement la puissance de l'énergie générée. Tout ce qui est moindre échouera à produire le résultat désiré et pourra, au contraire, vous blesser comme sous-produit.

Beaucoup de gens négligent la méditation dans leur vie quotidienne et c'est vraiment dommage. Il y a tant d'avantages à une méditation fréquente et au nettoyage de l'esprit, des chakras et des canaux. Parmi les avantages, il y a la réparation du cerveau par une introspection et une rumination calmes. Cet entretien et cette réparation sont nécessaires pour s'assurer que la magie et l'esprit restent fermement connectés ; car sans l'un, l'autre ne peut exister.

Avant votre prochain travail magique, invitez ceux qui sont avec vous à méditer avec vous. Formulez la façon dont vous (en groupe ou seul) visualisez le résultat du travail magique qui suivra bientôt. Quand le groupe s'accorde sur une image unanime dans l'œil de l'esprit, commencez le processus de méditation.

Cela peut sembler une perte de temps pour ceux qui sont nouveaux en magie, donc votre groupe doit être prêt à expliquer et enseigner les avantages d'un tel investissement de temps. Je suis convaincu que vos travaux produiront des résultats bien plus grands et réussis. Insistez sur l'importance d'une telle démarche et faites-en une partie des pratiques futures.

Le Père Gabriele Amorth travaille dans l'obscurité. Mais aussi à la lumière du jour, ce prêtre fidèle dit que son travail est souvent en désaccord avec le reste de l'Église catholique. Il est devenu l'exorciste officiel du diocèse de Rome en juin 1986, pendant le pontificat de Jean-Paul II. Aujourd'hui, à 86 ans, ce membre de la Société de Saint-Paul combat encore ce qu'il appelle le Grand Ennemi. Le diable est son nom.

Le Père Amorth raconte l'histoire de sa bataille de toute une vie contre Satan dans le livre récemment publié L'Ultimo Esorcista (Le Dernier Exorciste). Le livre a été écrit avec Paolo Rodari, journaliste du journal italien Il Foglio. Outre Lucifer, les autres ennemis du prêtre sont tous ceux qui ne croient pas que le diable existe. « Votre Éminence, vous devriez lire un livre », dit un jour le Père Amorth à un puissant cardinal de la Curie romaine qui avait affirmé que le diable n'était qu'une superstition. Le cardinal demanda : « Quel livre ? »

« Les Évangiles », répondit Amorth. « Ai-je tort ou les exorcismes ne sont-ils pas l'une des activités principales de Jésus ? »

Le prêtre pratique huit à dix exorcismes par jour,

y compris le dimanche et le jour de Noël. Il pense que le diable est partout, même dans les salles saintes du Vatican. Il dit que Jean-Paul II était convaincu lui aussi et pratiquait ses propres exorcismes.

Le premier exorcisme du pontife polonais eut lieu le 27 mars 1982. L'évêque de Spolète, en Italie centrale, Ottorino Alberti, lui amena une jeune femme, Francesca Fabrizi. Une fois devant lui, elle se mit à sangloter, se tordant au sol malgré les ordres du Pape au diable de battre en retraite. Elle ne se calma que lorsque Jean-Paul II dit : « Demain je dirai la messe pour toi. »

Quelques années plus tard, la femme rendit visite à Jean-Paul avec son mari. Elle était paisible, heureuse et enceinte. « Je n'ai jamais rien vu de tel auparavant », dit le Pape au chef de la maison papale, le cardinal Jacques Martin, selon les mémoires de ce dernier. « C'était une scène biblique », ajouta le Pape.

Le Pape Benoît n'a pas accompli d'exorcismes, mais Amorth croit que le diable le considère encore plus dangereux que Jean-Paul II. Dans son livre, Amorth écrit que deux de ses assistants emmenèrent deux victimes de possession démoniaque sur la place Saint-Pierre pour voir une audience papale générale. Quand ils virent le Pape, ils tombèrent au sol, se roulant, criant et bavant.

Benoît les remarqua, s'approcha et les bénit.

Livre du Rituel Satanique

« On aurait dit qu'ils avaient été fouettés et projetés en arrière de plusieurs mètres », écrit Amorth.

Selon Amorth, le diable a toujours tenté les hiérarchies de l'Église et les habitants du Vatican. Il dit que des sectes sataniques sont derrière le cas d'Emanuela Orlandi, la fille d'un employé du Vatican qui disparut mystérieusement le 22 juin 1983.

« Une fille de 15 ans [comme l'était Orlandi à l'époque] ne monte pas dans une voiture si elle ne connaît pas la personne qui l'invite. Je pense que des investigations étaient nécessaires à l'intérieur, pas à l'extérieur du Vatican. Je pense que seule une personne qu'Emanuela connaissait bien pouvait la convaincre de monter dans la voiture. Souvent les sectes sataniques le font : elles invitent une fille dans une voiture et ensuite elles la font disparaître. »

En 1999, Luigi Marinelli, prêtre à la retraite et ancien membre de la Congrégation pour les Églises orientales du Vatican, publia le livre Gone with the Wind In The Vatican dénonçant le népotisme, la corruption et les scandales sexuels de l'Église catholique. Mais personne ne fit rien. Cela aurait dû être une sonnette d'alarme pour l'Église. Mais ça ne l'a pas été, dit Amorth.

Le prêtre croit que le diable tente tout le monde : religieux et laïcs, adultes et enfants. Un cas frappant s'est produit dans la petite ville

Livre du Rituel Satanique

italienne du nord de Chiavenna en juin 2000, quand trois adolescentes tuèrent une religieuse nommée Maria Laura Mainetti. Elles dirent plus tard que c'était un sacrifice au diable. À l'époque, la presse mit l'accent sur l'obsession des filles pour l'ésotérisme et le culte du chanteur de rock Marilyn Manson.

« Bien sûr, je ne peux pas dire que la cause du meurtre était une chanson de Manson ou Manson lui-même », dit Amorth. « Mais soyons clairs : la musique satanique est l'un des principaux véhicules pour répandre le satanisme parmi les jeunes. Les messages de la musique satanique influencent les cœurs et les esprits des jeunes. Par ce type de musique, les jeunes entrent en contact avec des sujets nouveaux et auparavant inconnus. Ils atteignent des frontières du mal, des endroits qu'ils n'avaient pas explorés auparavant. »

L'énergie satanique est nécessaire pour travailler des sorts magiques, maléfices, rituels, rites, etc. Apprendre à canaliser cette énergie est un défi pour le débutant nouveau sur le Sentier de la Main Gauche. Il y a une chose encore plus difficile pour le débutant : trouver l'énergie satanique.

D'où vient-elle et que pouvez-vous en faire ?

Vous commencez le voyage………

Satan a révélé beaucoup des mystères du passé et il existe de nombreux bons livres et leçons sur le sujet. Il y a presque une surcharge sensorielle d'informations sataniques dans le cybermonde. Comment savoir si vous le faites correctement ? Comment vous protéger du mal quand vous travaillez avec l'énergie ? Y a-t-il une source pour absorber et apprendre les nombreux aspects différents de la magie ? Qui a la bonne formule pour faire fonctionner la magie ?

Tant de questions et si peu de réponses pour le débutant. C'est frustrant et mène souvent le débutant à simplement abandonner la vérité en échange des mensonges fabriqués de quelque gourou de secte. Après avoir perdu du temps, de l'argent et de l'énergie sur un chemin menant à une impasse, le débutant passe à la prochaine chose qu'il/elle a entendue ou lue… sans jamais vraiment savoir si le satanisme était sa réponse et son chemin de vie. C'est un gaspillage écrasant de proportion épique.

J'ai remarqué certaines personnes en recherche… une semaine elles sont dans « Hail Satan » et la semaine suivante elles parlent du Cône de Pouvoir. L'expérimentation est bonne mais elle ne devrait jamais définir qui est la personne et qui elle veut être. Une personne qui cherche et expérimente ne devrait pas perdre de vue qui elle est vraiment.

Le point est que personne ne devrait se perdre au point de l'imitation quand il s'agit de ses croyances. Nous voyons cela arriver tous les jours dans le style et la mode ; des enfants blancs imitant un rappeur gangster.

La flatterie est la forme la plus sincère de compliment mais Satan ne veut pas d'imitations… Il veut L'AUTHENTIQUE.

Ceux qui apprendront, expérimenteront et s'efforceront toujours de devenir plus puissants par l'acquisition de connaissance. Il ne veut pas d'un imposteur… laissez cela aux chrétiens. Il veut un cœur pur et une motivation qu'Il peut modeler et faire d'un véritable Guerrier Satanique. En résumé : Il veut ceux qui sont prêts à être les créateurs de tendance plutôt que les suiveurs de tendance.

Tracez votre route et gardez l'esprit ouvert. Satan veut que vous réussissiez et Il vous montrera le chemin. Dédié au Maître du Monde… Seigneur Satan.

Chaque semaine, je reçois plus d'une centaine d'emails de ceux qui sont tombés sur mon livre. Certains écrivent pour poser des questions sur l'authenticité du satanisme comme événement qui change la vie et certains cherchent vraiment des réponses le long de leur voyage spirituel.

Je reçois aussi des emails cinglants de ceux qui se disent chrétiens. Ils réprimandent, supplient, marchandent, présentent des bavardages bibliques et vont même jusqu'à me maudire (oui, des gros mots de la bouche des élus) parce que je refuse simplement de céder à leur pression des pairs et à leur guerre psychologique. Il y a très peu de gens pour qui

Livre du Rituel Satanique

j'investis réellement l'énergie nécessaire pour les haïr mais ces idiots, je les HAIS VRAIMENT… au moins pendant quelques minutes.

Souvent, je reçois plusieurs correspondances de chercheurs et je réponds toujours à leurs emails et essaie d'aborder leurs préoccupations et questions. En conséquence, j'ai réellement formé un rapport avec certains d'entre eux et j'aime discuter de tout ce qui est satanique avec eux. Les humains sont des créatures sociales et, en tant que tel, je tire un grand plaisir des échanges animés de sujets différents.

J'ai aussi ces Groupies Sataniques (pour ainsi dire) qui aiment m'envoyer des photos pornographiques d'elles-mêmes dans certaines poses Evil Noir… et je prends un grand plaisir à lustrer en ouvrant les photos avec une curiosité et un délice morbides. Les femmes sont de si merveilleuses créatures et je prends un tel plaisir à regarder leurs beaux corps… vraie Beauté Satanique !!

J'ai un point faible métaphorique dans mon cœur pour ceux qui cherchent vraiment et cherchent la vérité spirituelle. Je suppose que cela vient de me voir en eux dans leurs bavardages, tâtonnements et excitation écrasante alors qu'ils découvrent le satanisme et la vraie magie. Pendant de nombreuses années, j'ai dû me conformer aux diktats de l'Église établie et bien trop longtemps j'ai enduré la douleur et le vide de l'Église. Trop d'amis perdus dans la lumière blanche aveuglante de la congrégation ; sous un microscope, chaque mot mesuré, chaque motivation questionnée, un livre ouvert à un monde plein de justiciers auto-proclamés, auto-ordonnés et adorateurs d'eux-mêmes théologiques ; sodomisant symboliquement quiconque oserait questionner leur doctrine.

Je trouve que la majorité de mon temps est consacrée à guider et conseiller nos Covents. J'ai aimé être en position de rendre les gens à l'aise pour discuter de leurs sentiments, préoccupations et pensées les plus intimes. Nos groupes sont étroitement liés et j'assiste souvent à d'autres travaux afin que moi aussi je puisse recevoir quelque chose de nouveau ; quelque chose de frais et quelque chose d'excitant. Cela ne signifie pas que je ne reçois pas ces choses de mon coven, cela signifie simplement que j'aime aussi les nouvelles expériences. Nous sommes tous des chercheurs et nous chercherons toujours quelque chose qui renouvellera notre esprit intérieur.

Suivre le LHP est plus que des rituels, de la magie et la satisfaction des pulsions charnelles et des penchants primaux. Le satanisme concerne la découverte, la connaissance, la volonté, les émotions, la compréhension et un profond souci du SOI. Sans un SOI sain, il n'y a aucun espoir de bonheur, de satisfaction ou de découverte de soi. Tout comme nettoyer les Chakras est important pour la santé, nettoyer l'esprit des bagages indésirables est une nécessité. Vous vivrez le plus grand réveil quand vous commencerez à vous traiter VOUS-MÊME comme le DIEU le plus important.

Sans cette clé, vous ne pouvez pas ouvrir les serrures qui vous enchaînent aux mensonges de la religion. Arrêtez de fuir, calmez-vous et dites NON PLUS !!

Ouvrez votre moi intérieur aux réponses et commencez à apprendre et arrêtez de vous mentir. La religion établie n'a rien à vous offrir ; mais le satanisme peut vous donner le monde. Vous n'êtes jamais seul… jamais. Nous sommes avec vous, les Démons sont avec vous et notre Maître Satan aimant est avec vous.

Il est prêt et capable de vous montrer un monde que vous ne pouvez même pas imaginer. Il vous guidera à travers les ténèbres de la rhétorique et des mensonges que l'Église a vendus tout au long de l'histoire à ces pauvres âmes mourantes. Vous méritez plus et vous pouvez avoir plus. Vous pouvez avoir quelque chose de réel et tangible.

Satan appelle… répondrez-vous ?

In nomine Magni Dei Nostri Satanas. Hail Satan !

Les Symboles Sacrés – les Cornes du Pouvoir, l'Œuf de Pureté, de Sécurité et de Vie, etc.,

Livre du Rituel Satanique

existent dans les apparences les plus terrifiantes. Tout ce qui est, est saint.

Aleister Crowley
Liber Oz
Il n'y a pas d'autre dieu que l'Homme.
L'Homme a le droit de vivre selon sa propre loi
de vivre comme il le veut :
de travailler comme il le veut : de jouer comme il le veut :
de se reposer comme il le veut.
de mourir quand et comme il le veut :
L'Homme a le droit de manger ce qu'il veut :
de boire ce qu'il veut :
de demeurer où il veut :
de se déplacer comme il le veut sur la face de la terre.
L'Homme a le droit de penser ce qu'il veut :
de parler ce qu'il veut :
d'écrire ce qu'il veut :
de dessiner, peindre, sculpter, graver, mouler, construire comme il le veut : de s'habiller comme il le veut.
L'Homme a le droit d'aimer comme il le veut : prenez votre content et volonté d'amour comme vous le voulez, quand, où et avec qui vous le voulez !
L'Homme a le droit de résister à ceux qui voudraient contrecarrer ces droits.
les esclaves serviront.
Aleister Crowley a été identifié à l'occultisme

pendant de nombreuses années (Aube Dorée). Ses écrits sont cités par de nombreux adeptes du satanisme, de la Magie Noire et de l'Occultisme. Les pensées et observations de Crowley sont presque synonymes de l'extrémité de l'exploration de la Volonté inéluctable de l'homme.

J'ai dormi avec la Foi, et à mon réveil j'ai trouvé un cadavre dans mes bras ; j'ai bu et dansé toute la nuit avec le Doute, et je l'ai trouvée vierge au matin.

Aleister Crowley – Livre des Mensonges

L'Abbaye de Thélème désigne une petite maison utilisée comme temple et centre spirituel fondé par Aleister Crowley et Leah Hirsig à Cefalù, en Sicile, en 1920. Le nom reste un nom populaire pour diverses sociétés magiques, covens de sorcellerie et Grottes sataniques. Bien qu'en relatif état de délabrement, la structure existe toujours.

Alors que certains adorent Crowley lui-même, d'autres le voient comme un visionnaire, un iconoclaste du Sentier de la Main Gauche. Peu peuvent contester que Crowley ait repoussé les limites de la magie et de l'indulgence humaniste vers une nouvelle frontière par sa recherche et expérimentation constantes de tout ce qui est humain. Sans réserve, Crowley ne s'est jamais limité à des frontières préconçues et il a exposé le monde de la liberté que très peu ont ou auront jamais expérimenté.

Livre du Rituel Satanique

Pendant sa vie, ses disciples allaient et venaient mais il ne s'éloignait jamais symboliquement de danser sur le fil du rasoir et cela exposait ces disciples à ce que certains appelleraient des actes inexplicables de mauvais traitements, de dépravation mentale/physique, de torture et de dégradation sexuelle. Nul ne peut nier qu'il était ouvert à toutes les forces de l'univers qui croisaient son chemin. Il y en a qui ont essayé en vain de reproduire ses expériences. On peut dire que la flatterie est la forme la plus élevée de compliment mais ce n'est que cela : une reproduction.

Crowley (alias La Grande Bête) expérimenta largement avec la magie sexuelle ; échappant aux limitations et tabous sexuels de l'époque. Sa motivation était d'expérimenter tout ce qui élargirait ses horizons, sa connaissance et sa quête incessante d'illumination. L'Ordre du Temple de l'Est, ou l'Ordre des Templiers Orientaux, est une organisation fraternelle et religieuse internationale fondée au début du XXe siècle.

L'auteur anglais et occultiste Aleister Crowley est devenu le membre le plus connu de l'ordre. À l'origine, il était destiné à être modelé sur et associé à la franc-maçonnerie, mais sous la direction d'Aleister Crowley, l'O.T.O. fut réorganisé autour de la Loi de Thélème comme principe religieux central.

Cette Loi, exprimée comme « Fais ce que tu

voudras sera toute la Loi » et « L'Amour est la loi, l'amour sous la volonté », fut promulguée en 1904 avec la dictée du Livre de la Loi.

Crowley était extrêmement intelligent et il utilisait souvent cela à son avantage par des commentaires condescendants et ironiques. L'auteur et expert de Crowley Lon Milo DuQuette écrivit dans son œuvre de 1993 The Magick of Aleister Crowley : Crowley revêtait beaucoup de ses enseignements du mince voile de la titillation sensationnelle. Ce faisant, il s'assurait que, un, ses œuvres ne seraient appréciées que par les rares individus capables de le faire, et deux, ses œuvres continueraient de susciter l'intérêt et d'être publiées pour le bénéfice à la fois de ses admirateurs et de ses ennemis longtemps après sa mort.

Il n'a pas accompli ni prôné de sacrifice humain. Il était cependant souvent coupable du crime de mauvais jugement. Comme nous tous, Crowley avait de nombreux défauts et lacunes. Le plus grand d'entre eux, à mon avis, était son incapacité à comprendre que tous les autres dans le monde n'étaient pas aussi éduqués et malins que lui.

Il est clair, même dans ses premières œuvres, qu'il prenait souvent un plaisir diabolique à terrifier ceux qui étaient soit trop paresseux, trop intolérants ou trop lents d'esprit pour le comprendre.

J'ai suivi plusieurs conversations sur des sites

sataniques qui tournent autour du déni de Satan comme être anthropomorphe. J'ai été encouragé par des membres du coven à donner mon avis sur le sujet et donc, je vais me livrer à une petite pontification philosophique.

En abordant un sujet sensible comme celui-ci, je prendrai la liberté de parler franchement ; car mes croyances sont quelque peu basées sur des expériences plutôt que sur ce que quelqu'un d'autre prétend être les faits.

Ceux qui n'ont pas lu mes livres me demandent souvent quel type de satanisme nos covens pratiquent. Habituellement, la question fait aussi référence à Anton LaVey et si je pratique son type de satanisme.

D'abord, pour ceux qui n'ont jamais recherché Anton, il n'était pas un sataniste au sens le plus vrai. Anton et son groupe étaient plus athées que satanistes. Je trouve cependant certains de ses écrits exacts sur certains points ; surtout quand il s'agit de l'Église hypocrite mais sur le sujet sérieux du satanisme, il a manqué la cible. Par exemple, ses écrits concernant le Satan anthropomorphe sont orientés pour l'athée et non le sataniste. Il a parlé de ce sujet dans de nombreuses interviews ; disant... si une personne veut croire en un vrai Satan, c'est bien avec nous. Si la personne a besoin de croire en l'être, c'est son/sa prérogative.

Donc voici l'un des pères fondateurs du satanisme niant en réalité l'existence de Satan.

Livre du Rituel Satanique

Cela me pose un problème. Bien que la conformité ne soit pas l'objectif, croire en Satan est presque un prérequis pour devenir sataniste… à mon humble avis.
Je respecte les œuvres, écrits d'Anton et il a fait avancer la cause du satanisme. Je trouve aussi beaucoup de ses citations exactes et assez rafraîchissantes car il disait ce qu'il pensait sur la psychologie des êtres humains. Il était direct dans son approche et a reçu beaucoup de critiques et de réprimandes de l'Église chrétienne néandertalienne. Ce n'est pas toujours facile d'être le point focal d'attaques verbales et de moqueries répétées. Pour cela, j'ai le plus grand respect pour lui.
La plupart des satanistes n'acceptent pas Satan comme un être anthropomorphe avec sabots fendus, queue barbelée et cornes. Il représente simplement une force dans la nature – les puissances des ténèbres ainsi nommées parce qu'aucune religion n'a su les sortir de l'obscurité. La science elle-même n'a pas réussi à leur donner un nom technique. C'est un réservoir inexploité dont peu savent se servir parce qu'ils sont incapables d'utiliser un outil sans d'abord le démonter et étiqueter toutes ses pièces.
C'est ce besoin incessant d'analyser qui empêche la plupart des gens de profiter de cette clé aux multiples facettes vers l'inconnu – clé que le sataniste choisit d'appeler « Satan ».

Livre du Rituel Satanique

Satan, en tant que dieu, demi-dieu, sauveur personnel ou quel que soit le nom qu'on lui donne, a été inventé par les fondateurs de chaque religion sur terre dans un seul but : présider aux activités prétendument perverses de l'homme ici-bas. Par conséquent, tout ce qui procure une satisfaction physique ou mentale fut qualifié de « mal » – garantissant ainsi une vie entière de culpabilité injustifiée à tout le monde ! La Bible Satanique
Ce passage définit clairement l'incroyance d'Anton en Satan comme être réel. Il laisse simplement au praticien le choix de croire ou non en Satan. C'est là que ma croyance et celle d'Anton divergent.
Nous croyons en Satan parce que nous avons eu l'occasion d'être libéralement bénis par Sa présence lors de travaux magiques et de cérémonies. Satan est réel et nous L'avons expérimenté sous Sa vraie forme. Les Démons sont aussi réels et beaucoup ont honoré de leur présence des cérémonies auxquelles j'ai assisté au fil des ans. Vous n'avez pas besoin de vous demander s'ils existent vraiment, ils existent.
Dans ma pratique des arts noirs, j'ai vécu de nombreux événements qui défient simplement l'explication. Certains rejetteraient ces événements comme des tours de passe-passe exécutés par prestidigitation et d'autres ne parleraient plus jamais des événements. Je sais

Livre du Rituel Satanique

qu'il y a toujours des sceptiques et ceux qui ne croiraient vraiment pas si Satan se tenait devant eux en personne. Satan existe-t-il vraiment… la réponse est oui.

Par conséquent, si ces imposteurs ne croient pas en Satan, leur magie est, en réalité, rendue stérile et inepte. Leur coven est réduit à une faction sociale de jeu de rôle fantaisiste farcesque et les adeptes débitent une prose vide de sens en vain.

Mastema a grandement béni nos covens et les riches récompenses pour le respect, l'adoration et les invitations à partager la vaste connaissance qu'Il possède sont merveilleuses. Sans Sa guidance, nous ne ferions que réciter des récitations vides et accomplir des rituels morts. C'est le point que j'ai essayé de faire tant de fois auparavant à ceux qui veulent du satanisme au drive-through. Cela ne marchera pas et ne marche pas !

Les mots sur une page sont vides ; le Sanctum Intérieur est vide et le coven n'est qu'un club social sans la guidance et la présence de Satan et de Son armée de Démons Infernaux.

C'est l'évolution de la magie et le saut de foi géant, soutenu par des actions, qui élève la magie du praticien à de nouveaux sommets. Sans cet élément crucial, vos cérémonies seront toujours dépourvues de résultats désirés. Chaque membre du coven DOIT être en phase et fidèle dans la recherche de la récompense magique maximale. Satan est prêt (et plus qu'à la hauteur) à délivrer mais vous devez être prêt et capable de recevoir, apprendre, appliquer et exercer une extrême dévotion pour en bénéficier. Puisque j'ai discuté des bénéfices des bénédictions de Satan pendant vos rituels, discutons aussi des répercussions de ne pas inviter Satan et Ses Démons à un Rituel Satanique.

Sans vraiment croire et respecter la réalité et la certitude de Satan, le praticien se moque symboliquement de tout l'enfer. La moquerie n'est pas un comportement acceptable pour le satanique et Mastema ne le permettra pas sans redressement. Ce faisant, le praticien joue avec le feu satanique et sera brûlé. Assez dit sur ce sujet.

Satan est réel ; les Démons sont réels ; la magie est réelle. S'ils jouent avec le feu sans reconnaître sa puissance, ils seront consumés par cette puissance. Ils sont des imbéciles magiquement handicapés et des buffles traînant les pieds.

Les sorts et rituels magiques sont administrés et modérés par le Magus mais le vrai pouvoir vient du Maître de Cérémonie Démoniaque lui-même, Satan. Rajeunissez la magie en invitant le vrai Maître de Cérémonie. Ne prétendez pas être sataniste si vous n'êtes qu'un athée ordinaire.

En tant que sataniste, j'ai très peu de peurs

substantielles. Je n'ai pas peur des choses habituelles que les autres craignent… la mort, le Diable, l'obscurité, etc. Je ne me cache pas dans la foule en essayant de devenir invisible. J'aime la confrontation et je n'ai pas peur de faire ce qui doit être fait pour l'amélioration de ceux qui méritent mieux. Je suppose que de toutes les choses que je pourrais craindre, je suis sans cette pierre émotionnelle limitante autour de mon cou.

Une chose que je crains est de survivre à mon utilité. Bien que Satan m'ait assuré que ce sera quelque part dans un futur lointain (puisque je continue de faire Son œuvre, pas la mienne), je fais face à ce moment inévitable avec angoisse. Satan n'est pas un filicide. Cependant, qui veut être là quand personne ne veut de vous ou quand vos idées et opinions n'ont plus de validité ou ne sont plus acceptées comme un point bien fait ?

Avec les avancées en médecine, nous vivons plus longtemps. Nos corps ont été préservés et des mesures préventives utilisées pour assurer la santé holistique ; cependant, plus souvent le corps physique reste plus fort que la santé mentale. Pour cette raison, nous, en tant que société, faisons face à plus de personnes âgées qui sont en pleine forme… sauf pour l'esprit si important. Ces individus sont souvent entreposés dans des maisons de convalescence ou autres établissements de soins où ils attendent simplement de mourir. Certains disent que la solution est le contrôle de la population tandis que d'autres prônent des lois qui protégeraient les droits de tels individus à mettre fin à leur vie selon leurs termes par suicide assisté.

Faisons face à la réalité, certaines personnes et institutions survivent souvent à leur utilité pour la société dans son ensemble. La religion est une telle organisation et il est temps de demander : La religion a-t-elle survécu à son utilité ? Depuis le début des temps, les humains ont cherché des moyens de se contrôler mutuellement et la religion a été à l'avant-garde de cette entreprise.

Plus de sang a été versé pour la religion que pour tout autre sujet existant. Pourquoi devrait-on continuer à lui permettre d'exister, puisque tout le monde connaît les vraies motivations de leurs troupeaux ? Pourquoi ne pas éteindre complètement la religion ; après tout, elle a largement survécu à sa fabrication hyperbolique et quant à l'utilité... utile seulement à ceux qui souhaitent emprisonner les libres penseurs et rationalistes.

Si ces criminels évangéliques étaient retirés du trône du pouvoir et que ces personnes intelligentes qui connaissent l'Église pour ce qu'elle est vraiment (une grande entreprise qui vend un faux pardon pour être humain) parlaient et prenaient le pouvoir et l'autorité, le monde serait un meilleur endroit. L'Église est un club et une entreprise. Être humain ne nécessite pas de bénédiction, de pardon ou de plan de paiement… combien de temps l'insanité continuera-t-elle ?

L'excommunication de l'Église est parfois la seule chose qui sauve les gens. Certainement, dans un monde rationnel, la pensée rationnelle devrait surmonter la suspicion, les mensonges, la superstition et les preuves inexistantes.

Depuis le début de l'histoire enregistrée, la religion a symboliquement crucifié la personne moyenne et l'a forcée à courir en cercles, à sauter à travers des cerceaux et à s'incliner devant des statues vides pour s'intégrer aux congrégations motivées par la pression des pairs des religions mourantes. Chaque génération est dupée en croyant qu'elle doit se mesurer à une norme fictive et cesser d'être humaine.

Pendant ce temps, les menteurs ont les mains dans le portefeuille de l'homme et sous la robe de la femme ; satisfaisant leurs propres luxures et désirs motivés par l'avidité tout en se cachant derrière un vernis de sacré et de sainteté… en contact avec leur soi-disant dieu.

Reductio ad Absurdum
Le mal prend de nombreuses formes et l'une des plus faciles pour l'escroc est l'illusion d'un leader omniscient, omnivoyant et bienveillant du

troupeau. Quelle farce et quel grand mensonge. Il n'y a que la loi de la survie et la religion a assuré sa survie en tuant quiconque a osé questionner l'absurdité et l'extravagance de leur livre de guide… une collection de bavardages insensés reliés en cuir appelée la bible.

Alors qui sont les plus grands fous ? Ceux qui vendent de tels mensonges vieux, fatigués et inutiles ou ceux qui les gobent comme une fine cuisine ? Si les gens se détournaient et s'éloignaient des mensonges de la religion, les leaders se retrouveraient bientôt sans adeptes, sans public et surtout, sans revenus. Sans l'attrait de l'argent, la plupart de ces escrocs (hommes et femmes) verraient bientôt leur contrôle sur la population s'évaporer.

La religion est vieille, fatiguée et a perdu ses capacités cognitives. Il est temps de se lever et de dire la vérité… La religion devrait être mise à mort. C'est un monde nouveau et courageux et l'avenir a d'innombrables possibilités.

Si la religion et l'Église établie ont une place dans l'avenir, c'est parce que nous (en tant que société) l'avons permis de vivre… bien au-delà de son utilité !!!!

La vie est courte, le temps est un ennemi et le bonheur est fugace pour ceux assez chanceux pour l'avoir trouvé. Il y a une chose que vous pouvez faire dans votre poursuite du bonheur… soyez honnête avec vous-même. Toute religion fixera des limites et des limitations sur vous mais pour le sataniste, nous ne limitons pas ni ne jugeons.

Si vous cherchez le bonheur, accueillez la nouvelle année avec vérité, explorez le monde spirituel autour de vous et arrêtez de porter la culpabilité, la honte et la douleur.

VÉRITÉ… essayez-la.

Dans le rôle de Magus Satanique, j'ai souvent des adeptes du LHP qui se confient à moi et cherchent mes conseils. J'aide volontiers chaque fois que possible, car ma mission est de faire avancer la cause du satanisme dans le monde entier. J'aime particulièrement aider ces « chercheurs » qui savent qu'il y a quelque chose de plus là dehors que les diktats de l'Église établie ou autres arrangements « esclave/maître ».

Comme pour toute chose nouvelle, les chercheurs sont appréhensifs, méfiants et incertains quant à ce qu'est le satanisme et surtout les motifs de nos groupes. Plus que cela, le chercheur cherche à combler ce vide dans son cœur et son âme qui a désespérément besoin d'être rassasié. Quand un chercheur fait ce premier pas si important, c'est un pas de foi : ils disent « Je sais qu'il y a plus là dehors et je veux plus ! »

J'ai exprimé mes opinions sur les femmes dans plusieurs posts et dans mes livres aussi. Il y a cependant des moments où je me sens enclin à en dire beaucoup plus et je suppose que c'est

Livre du Rituel Satanique

l'un de ces moments.

Je crois que les femmes ont été lésées dans le domaine de la théologie. Les femmes ont beaucoup à contribuer à toute discussion sur la religion et pour celles qui ont vraiment vu les bénéfices du satanisme, elles offrent encore plus de points limpides.

Les femmes sont intelligentes et, pour ne pas contourner le problème, les femmes sont belles et adorables créatures. Depuis le début de l'histoire enregistrée, les femmes ont été quelque peu mises de côté dans toutes les religions et sont généralement cloîtrées à la maison familiale pour élever les enfants, cuisiner, nettoyer et servir l'homme de la maison (quand et comme il le désire et l'exige). L'histoire a aussi été réécrite pour s'assurer que l'agenda chauvin reste fort. L'une des premières beautés à avoir été historiquement lésée est Lilith.

Lilith provient de la mythologie et des récits juifs. Les Juifs furent les premiers à tordre l'histoire et établir Lilith comme étant mauvaise. Selon l'histoire, Lilith fut forcée par trois anges (Sanvi, Sansanvi et Semangelaf) à jurer qu'elle ne nuirait pas aux femmes ou enfants portant des amulettes avec les noms des anges.

Plus tard, cette histoire se transforma en croyance qu'Adam et Lilith étaient en réalité mari et femme. Après avoir eu des relations sexuelles avec l'archange Samael en dehors du

Livre du Rituel Satanique

Jardin d'Éden, Lilith refusa de se soumettre plus longtemps aux souhaits d'Adam. Elle refusa fermement d'être obéissante et soumise à Adam, ce qui atteignit le paroxysme quand Lilith exigea d'être dessus pendant les rapports sexuels. Cette femme forte quitta Éden et épousa Samael. Selon l'histoire, Dieu (que l'Église catholique prétend condamner l'utilisation de tout moyen de contraception) castra Samael pour que les deux ne puissent pas procréer (allez et multipliez-vous). Il y a plusieurs métaphores symboliques et contradictions dans cette seule phrase.
OK, je digresse. Ce n'est pas un livre sur Lilith. Il s'agit des femmes et de la façon dont elles ont reçu (et continuent de recevoir) l'injustice de gourous religieux auto-proclamés qui préféreraient voir une femme nettoyer les toilettes de l'église plutôt que fournir un apport sur des sujets de discussion intellectuels. À mon avis, le satanisme prendra n'importe laquelle des femmes rejetées par ou autrefois asservies par les religions établies. Leur perte est notre gain. La religion continue de dominer les femmes et de les soumettre à des actions aussi effroyables que la mutilation sexuelle, le viol et la dégradation. On pourrait penser que dans la société moderne, ces Néandertaliens extravagants, farcesques et dégradants auraient évolué en mâles qui voient les femmes comme elles devraient être vues : des êtres

intelligents et articulés.
Quant à la sexualité, je crois que les femmes devraient expérimenter et trouver ce qui leur convient personnellement. Comme je l'ai dit auparavant, le satanisme ne souhaite asservir personne ; tout au contraire ! Le satanisme s'efforce de déverrouiller la porte de l'inhibition et de permettre à la personne d'explorer et de trouver ce qui lui convient. Les satanistes n'ont pas besoin (ni ne veulent) que quiconque leur dise quoi croire ou comment se conduire. La liberté d'esprit, de pensée et de corps est la récompense ultime pour le sataniste.
Pour les femmes satanistes qui lisent ceci, je le leur dédie ainsi qu'à leur vie sans inhibition et leurs beaux corps sataniques !! Fais ce que Tu voudras sera toute la Loi !!!!!!!!! Hail Satan !
Bélial signifie sans maître et symbolise la véritable indépendance, l'autosuffisance et l'accomplissement personnel. Bélial représente l'élément terre ; on y trouvera ici une magie les deux pieds sur terre – une procédure magique réelle, dure, fondamentale – et non des platitudes mystiques dépourvues de toute raison objective. Cessez de sonder. Voici le roc ! La Bible Satanique, Le Livre de Bélial Anton Szandor LaVey
La magie satanique est l'utilisation de forces ou énergies magiques pour enrichir la vie d'un individu ou de plusieurs individus selon leurs désirs. Cette utilisation peut être de deux types

– le premier est « externe » et le second « interne ».

La magie externe est essentiellement de la sorcellerie : la modification d'événements, de circonstances ou de personnes extérieurs conformément aux souhaits du sorcier. La magie interne est la transformation de la conscience du magicien lui-même à l'aide de certaines techniques magiques – c'est essentiellement la quête de l'Initié vers les grades supérieurs de réalisation magique.

Les rituels cérémoniels impliquent plus de deux personnes et se déroulent soit dans un Temple intérieur, soit dans un lieu extérieur consacré comme Temple. Ils suivent un texte fixe, portent des robes cérémonielles et utilisent des objets ayant une signification magique ou occulte. Les rituels hermétiques sont généralement pratiqués par un individu seul ou avec un seul assistant. À la magie externe appartiennent les rituels cérémoniels et hermétiques. À la magie interne appartient la voie sinistre septuple.

Les satanistes croient que nous sommes déjà des dieux : mais la plupart des gens ne le comprennent pas et continuent de ramper devant les autres ou devant un « dieu ». Le satanisme, à ses débuts, consiste à rendre consciente (ou à libérer) notre nature sombre ou ombreuse ; à cette fin, la magie satanique est pratiquée.

Le satanisme est l'expression naturelle de l'élan

Livre du Rituel Satanique

évolutionnaire ou prométhéen qui est en nous : sa magie est un moyen de faire de nous des dieux sur Terre, de réaliser le potentiel qui sommeille en chacun.

Dans le satanisme traditionnel, on reconnaît le rôle des femmes, car le satanisme à son niveau le plus élevé vise le développement de l'individu : les rôles ne sont qu'une étape nécessaire du développement personnel – à jouer, puis à dépasser. La structure des Temples traditionnels et les rituels exécutés par leurs membres reflètent cette reconnaissance.

Par exemple, il est possible et souhaitable qu'une Maîtresse de la Terre fonde et organise son propre Temple si elle le désire ; il est également possible et souhaitable de célébrer la Messe Noire avec un prêtre nu sur l'autel tandis que la Prêtresse dirige le service – cette inversion étant un principe accepté de la Magie Noire.

Les cérémonies sataniques sont un moyen de jouir des plaisirs de la vie : elles offrent la carnalité, la satisfaction des désirs, l'obtention de récompenses matérielles et personnelles, et les joies des ténèbres. Mais elles ne sont qu'un commencement, une étape vers quelque chose de plus grand.

Les rites sataniques se déroulent soit dans un Temple intérieur, soit dans un lieu isolé en plein air, pendant les heures d'obscurité. Les Temples intérieurs possèdent généralement un

autel fixe en pierre ou en bois, placé à l'est et recouvert d'une nappe d'autel de bonne qualité, noire, sur laquelle est tissé soit un pentagramme inversé, soit le sigle du Maître/Maîtresse ou du Temple. Des chandeliers en argent ou en or sont posés sur l'autel, un à chaque extrémité. On utilise généralement des bougies noires, bien que certains rituels requièrent d'autres couleurs.
D'autres chandeliers doivent être disposés autour du Temple, car la seule lumière autorisée, pendant les rituels comme en dehors, doit provenir de bougies. Le Livre Noir est placé sur un pupitre en chêne sur l'autel, l'autel étant assez grand pour qu'une personne puisse s'y allonger.
Les Temples intérieurs doivent être peints en noir ou en cramoisi (ou une combinaison des deux), le sol nu ou recouvert de tapis ou moquettes sobres, noirs ou cramoisis. Quand il n'est pas utilisé, le Temple doit rester sombre et chaud, avec de l'encens de noisetier brûlé fréquemment. Une sphère de quartz ou un gros cristal doit être conservé dans le Temple, soit sur l'autel, soit à proximité sur un support en chêne.
Au-dessus ou derrière l'autel doit figurer une image ou sculpture de Baphomet selon la Tradition satanique. Baphomet est considérée par les satanistes comme une « déesse violente » et représentée comme une belle femme

assise, nue jusqu'à la taille. Dans sa main gauche, elle tient la tête tranchée d'un homme. Dans l'autre, une torche enflammée. La tête coupée, qui dégouline de sang sur son vêtement blanc du bas, est tenue de façon à masquer partiellement son visage souriant.

Aucun autre meuble n'est présent dans le Temple. Les instruments sont peu nombreux et doivent être fabriqués ou commandés par le Maître ou la Maîtresse. À défaut, ils doivent être choisis avec soin. Les instruments requis sont : plusieurs grands calices en argent, un encensoir, un tétraèdre de quartz, un grand bol en argent et le Couteau Sacrificiel à manche en bois.

Nul n'est autorisé à entrer dans le Temple s'il n'est vêtu d'une robe cérémonielle et pieds nus. Les robes sont généralement noires à capuchon, mais certains rituels requièrent d'autres couleurs. Si possible, une antichambre doit permettre aux membres de se changer.

Pour un lieu extérieur, le Maître ou la Maîtresse délimite l'espace par un cercle de sept pierres. L'autel extérieur est généralement le corps nu ou vêtu (selon le rituel et les conditions) d'un des participants. La personne choisie pour cet honneur s'allonge sur une nappe noire tissée d'un pentagramme inversé, d'au moins sept pieds sur trois.

Les bougies doivent être placées dans des lanternes s'ouvrant d'un seul côté, muni d'un verre souvent rouge. Les participants doivent bien connaître le lieu, car aucun éclairage artificiel, même des bougies, ne doit être utilisé pour s'y rendre. Aucun feu ne doit être allumé pendant le rituel. C'est pourquoi la nuit de pleine lune est souvent choisie.

Il incombe au Maître et à la Maîtresse de préparer les membres au rituel. Cela implique généralement qu'ils se réunissent en robe dans le Temple ou une antichambre au moins une demi-heure avant le début, en silence, concentrés sur l'image de Baphomet ou un sigle désigné. Un ou plusieurs membres sont choisis comme Chantre et formés au chant correct. D'autres peuvent être musiciens – tambourin ou flûte étant les instruments préférés.

En considérant la nature de tout dieu, il faut d'abord considérer la nature de l'homme et de l'univers, car sans comprendre soi-même ni l'univers dans lequel on vit, comment approcher une compréhension de Dieu ?

Chaque homme possède une conscience indépendante de toute autre créature. Il perçoit une séparation entre lui et le monde qui l'entoure. Il expérimente images, sons, odeurs, goûts et formes physiques à travers ce qu'il perçoit comme son corps physique. Il éprouve aussi pensées, émotions et autres phénomènes qui ne se manifestent ni visuellement ni audiblement mais qui l'influencent néanmoins et qu'il perçoit comme venant « de l'intérieur » de sa conscience.

Depuis les temps les plus reculés, l'homme a tenté de réconcilier cette condition de « séparation d'avec l'univers ». L'homme primitif, terrifié par les images et les sons qui l'assaillaient de toutes parts et par la terre qui semblait prête à l'engloutir à nouveau comme si l'univers réalisait qu'il avait commis une terrible erreur, effrayé par cette chose appelée « vie » et tout aussi effrayé par la mort, commença à imaginer autour de lui d'horribles dieux et démons. Ces monstres qui rugissaient de colère et possédaient certainement le pouvoir de le détruire devaient être apaisés sous peine de mort imminente.

Beaucoup de gens aujourd'hui ont rejeté les religions établies du passé. C'est naturel quand on considère que, alors que la société a changé, les enseignements et doctrines de ces religions n'ont pas évolué depuis plus de mille ans. Beaucoup ne parviennent pas à concilier les valeurs et croyances de la société avec celles des religions dominantes.

Nous sommes à un moment de l'histoire où les religions dominantes du passé seront remplacées par des religions dont les valeurs correspondent davantage à celles de la société actuelle. C'est pourquoi tant de gens ont cherché de nouvelles religions et se sont tournés vers la Wicca, les philosophies New Age ou des cultes alternatifs comme Heaven's

Livre du Rituel Satanique

Gate ou le Temple Solaire.
Bien que les cultes dédiés au mysticisme New Age ou à la magie de lumière blanche aient connu un certain succès auprès de ceux qui cherchaient « quelque chose ou n'importe quoi de spirituel » – principalement à cause de l'appauvrissement de l'ego et de la famine intellectuelle imposés par le christianisme –, ils ne sont finalement pas plus pertinents pour la société d'aujourd'hui que les religions du passé. Le monde cherche une religion qui embrasse la connaissance scientifique actuelle, reconnaît la nature psychologique de l'homme, perçoit le potentiel de l'homme à accomplir bien plus que ce qu'il a déjà réalisé, tout en conservant des croyances et valeurs éthiques conformes à celles de la société actuelle, et en étant prêt à faire évoluer ces valeurs au fil des changements futurs de la société.
Malgré certains individus qui ne voient dans le satanisme rien d'autre qu'un anti-christianisme, une religion dépravée de blasphème ou l'expression de désirs et impulsions antisociaux, l'accent mis par le satanisme sur l'ego et l'intellect, ainsi que sa reconnaissance du potentiel ultime de l'homme, en font la seule religion pertinente dans la société actuelle.
Tous les dieux créés par l'homme ont une chose en commun : ils sont statiques et immuables. Yahvé réside au ciel, immuable, inflexible, créateur de l'univers et de tout ce qu'il contient.

Livre du Rituel Satanique

Christ siège à la droite de Dieu, prêt à juger les vivants et les morts. Zeus réside sur le mont Olympe, brandissant l'éclair, symbole de sa puissance divine.
Les valeurs de la société et la structure de ses institutions sont définies comme « bonnes ». Ce qui menace la société est défini comme « mauvais ». Les définitions du bien et du mal varient d'un pays à l'autre et d'un siècle à l'autre. Dieu est défini par ce qui est « statique » et immuable. Ce qui est « dynamique », menace potentielle pour le statu quo – guerre, révolution, troubles politiques ou soulèvements sociaux – est représenté par le Diable. Mais si l'univers est dynamique et non statique, et si la conscience n'EST PAS mais EST EN DEVENIR, alors le diable, Satan, reflète bien plus exactement la véritable nature de Dieu que Christ, Yahvé ou toute autre image de Dieu créée et définie par l'homme.
Pour le véritable sorcier, il n'existe ni « bien » ni « mal » ; il n'y a que sa VOLONTÉ. C'est le fondement de la Loi de Thelema de Crowley. Ceux qui interprètent « Fais ce que tu voudras » comme « fais ce que tu veux » ne comprennent pas qu'il s'agit de la VOLONTÉ magique dont parle Crowley. Ce que le sorcier désire (ou croit désirer) peut ne pas être ce que son « soi supérieur » a réellement VOULU voir se produire.
En développant la Loi de Thelema, Michael

Livre du Rituel Satanique

Aquino a conceptualisé et proclamé le Mot XEPER, par lequel le sorcier peut « devenir » et finalement atteindre sa véritable VOLONTÉ et la réalisation de son « soi supérieur ». Sans Thelema, Xeper n'aurait jamais existé, car c'est par Thelema que Xeper devient possible.
L'univers n'est pas la réalité... Il n'est qu'un rêve. Seule la conscience existe. Une seule conscience existe, isolée dans un vide de néant. Il n'y a pas de Dieu. Il n'y a pas d'autre conscience que celle de l'Un. Elle dort. Elle rêve. Quand elle se réveille d'un rêve, un autre commence. Il n'y a pas de réalité à laquelle elle puisse s'éveiller. Il n'y a rien en dehors de la conscience. L'univers semble réel aux personnages du rêve, mais ce qu'ils perçoivent comme « soi » n'existe pas. La conscience des multiples est la conscience de l'Un. Les vies des multiples sont les rêves de l'Un.
La magie sexuelle consiste à utiliser sa sexualité pour accomplir de la magie. Cette technique n'est ni nouvelle ni scandaleuse ; bien qu'elle soit généralement gardée secrète, de nombreux systèmes ésotériques emploient la sexualité à des fins spirituelles et magiques. On en trouve des exemples dans la sorcellerie, le chamanisme, l'alchimie, le tantrisme bouddhiste et hindou, ainsi que dans la religion de l'Égypte ancienne.
Une forme plus connue de magie sexuelle est l'union sexuelle cérémonielle d'un homme et

d'une femme sur la terre pour assurer une bonne récolte. Leur acte de fertilité devait encourager la terre à produire une moisson abondante. La magie sexuelle occidentale trouve ses racines dans la kabbale hébraïque et s'est répandue à travers plusieurs doctrines occultes comme les Templiers et la franc-maçonnerie.

Aujourd'hui, la magie sexuelle est une belle façon de redonner à la sexualité sa juste place de sexualité sacrée. C'est une invitation ferme à abandonner la voie du sexe furtif, caché dans l'ombre et « pécheur » avec lequel la plupart d'entre nous ont grandi. C'est un appel à cesser de lutter contre cette force humaine la plus puissante et à en exploiter les possibilités.

Puisque la sexualité est un don de Dieu/la Déesse, elle doit être divine. Au sein d'une relation sexuelle ouverte et respectueuse, nous pouvons faire l'expérience de nous-mêmes dans tous nos aspects : la part animale, la part humaine et la flamme divine qui est en nous. Ainsi l'homme-bête-Dieu est relié, de même que la femme-bête-Déesse.

Pendant l'excitation sexuelle, une énorme quantité d'énergie peut être canalisée vers le haut, des organes génitaux le long de la colonne vertébrale jusqu'au sommet du crâne. En montant, cette énergie remplit et nettoie les blocages des chakras causés par des blessures émotionnelles et psychologiques. Cela explique pourquoi plusieurs voies spirituelles considèrent le yoga sexuel comme un raccourci vers l'illumination.

La forte force sexuelle est « l'huile brute de notre corps », comme l'a dit Lama Yeshe. Plusieurs praticiens de la magie sexuelle ont rapporté que cette forme de magie s'est révélée bien plus puissante que la magie cérémonielle qu'ils avaient pratiquée auparavant. La magie sexuelle ne nécessite pas de connaissance préalable de la magie cérémonielle. Toute personne déterminée à maîtriser et diriger ses énergies sexuelles à des fins magiques, et qui jouit d'une condition physique raisonnable, est capable de pratiquer la magie sexuelle.

En magie sexuelle, nous nous concentrons essentiellement sur un objectif par affirmation, visualisation, etc. ; nous accumulons beaucoup d'énergie par une excitation sexuelle prolongée et nous libérons cette énergie au moment de l'orgasme.

L'objectif en magie sexuelle peut être l'obtention ou l'attraction de n'importe quoi de désiré dans le monde physique : une nouvelle maison, une meilleure relation, une guérison. Il peut aussi s'agir de charger des outils ou talismans magiques. Et l'objectif peut être le développement spirituel.

Cette forme contrôlée d'amour pour des desseins supérieurs est souvent citée comme l'explication ultime de la célèbre phrase de

Livre du Rituel Satanique

Crowley : « L'Amour est la Loi, l'Amour sous la Volonté. »

Par amour, Crowley entendait l'union des opposés masculin et féminin, actif et réceptif, et non tant l'amour romantique. L'orgasme est considéré comme le moment où « les portes du ciel s'ouvrent » ; pendant un bref instant, les barrières entre le monde physique limité et les cieux illimités se dissolvent.

Pendant ces précieux moments orgasmiques, nous projetons notre désir magique dans l'univers avec une puissance énorme et un « enfant magique » naît. Cet enfant magique est l'effet astral de notre action magique qui aboutira à la manifestation.

Les fluides sexuels de l'homme et de la femme sont chargés de qualités puissantes en raison de leur magie et peuvent être utilisés à plusieurs fins. Les orgasmes de magie sexuelle sont intenses. Après un rituel avec un partenaire, je me sens empreint de révérence et de gratitude, conscient d'avoir partagé quelque chose de profondément significatif.

Une fois que l'on connaît les profondeurs et les valeurs de la magie sexuelle, je me demande si un partenaire qui préférerait s'en tenir au sexe « normal » pourrait encore satisfaire vos besoins. Beaucoup ont suggéré que les Succubes et Incubes prélèvent le sperme des émissions nocturnes, ou que certains incubes extraient le sperme des cadavres. Quand le Diable

Livre du Rituel Satanique

apparaissait au Sabbat, surtout sous la forme d'un Homme-Chèvre ou d'un Homme Noir (noir de suie ou couvert de boue), son membre était aussi grand que celui d'un mulet, aussi épais que possible, et enflammait de désir toutes les sorcières présentes afin que chacune connaisse le diable de cette manière.

Vous pouvez aussi créer des Succubes et Incubes pour copuler avec eux en rêve. Cela se fait simplement en créant un sigil ou une image représentant la forme désirée. Le sorcier plus avancé peut invoquer par un rituel un démon ou une intelligence spirituelle. Vous visualisez le sigil puis formez le corps selon votre désir charnel. Vous vous masturbez ou utilisez d'autres moyens d'auto-stimulation, en vous concentrant tout le temps sur le démon en question.

Au moment de l'éjaculation ou de l'orgasme, oignez le sigil avec l'élixir. Vous pouvez lier le sigil dans une pochette ou le recouvrir d'une manière appropriée, avec les huiles correspondant au démon. Vous pouvez aussi enterrer la pochette si vous le souhaitez ; quand vous cherchez la copulation ou l'inspiration, concentrez-vous simplement sur le sigil lui-même. Vous remarquerez des relations sexuelles oniriques qui peuvent vous réveiller excité. Pour détruire l'esprit, brûlez la pochette et son contenu, puis recouvrez de sel.

Le chant sinistre se divise en trois méthodes

distinctes, toutes ayant le même but général : produire de l'énergie magique. Le type et l'effet de cette énergie varient selon la méthode employée.

La première méthode est la vibration de mots et de phrases ; la deuxième est le chant proprement dit ; la troisième est le « Chant Ésotérique » – c'est-à-dire le suivi d'un texte spécifique chanté dans l'un des modes ésotériques.

La vibration est la méthode la plus simple et consiste à « projeter » le son. On prend une profonde inspiration et on « expulse » la première partie du mot à vibrer avec l'expiration. Cette expiration doit être contrôlée – l'intensité du son doit être prolongée (pas moins de dix secondes par partie du mot) et aussi constante que possible. La personne inhale ensuite et répète le processus pour la partie suivante du mot, etc.

Ainsi « Satanas » serait vibré comme Sa – tan – as. La vibration n'est ni un cri ni un hurlement, mais une concentration d'énergie sonore. La vibration doit engager tout le corps et représenter un effort physique.

Une pratique régulière est essentielle pour maîtriser la technique ; l'individu doit apprendre à projeter à différentes distances (de trois à dix mètres ou plus) et à augmenter la puissance de la vibration elle-même. L'essence de la méthode est un son contrôlé de même intensité tout au long de chaque partie du mot et du mot ou texte entier.

Le chant est essentiellement le fait de chanter des mots ou un texte sur une tonalité régulière – c'est-à-dire dans la même clé, bien que la dernière partie du chant soit généralement « embellie » en chantant d'abord sur une note plus haute puis plus basse. Le rythme du chant varie et peut être lent (ou funèbre) ou rapide (ou extatique) selon la cérémonie et l'humeur des participants.

C'est l'une des tâches du Maître ou de la Maîtresse qui dirige le Temple que d'entraîner la congrégation et les nouveaux membres aux trois méthodes de chant ; à cet effet, des sessions régulières de pratique doivent être organisées. Le chant, quel qu'il soit, correctement exécuté, est l'une des clés de la génération d'énergie magique pendant un rituel cérémoniel et, comme l'exécution dramatique d'un rituel, son importance ne saurait être surestimée.

Appel au Diabolique
Dies irae, dies illa
Solvet saeclum in favilla
Teste Satan cum sybilla.
Quantus tremor est futurus
Quando Vindex est venturus
Cuncta stricte discussurus.
Dies irae, dies illa !

Livre du Rituel Satanique

Sanctus Satanas
Sanctus Satanas, Sanctus
Dominus Diabolus Sabaoth.
Satanas – venire !
Satanas – venire !
Ave, Satanas, ave Satanas.
Tui sunt caeli,
Tua est terra,
Ave Satanas !
Oriens Splendor
Oriens splendor lucis aeternae
Et Lucifer justitiae : veni
Et illumine sedentes in tenebris
Et umbra mortis.

Invocation à Baphomet
Nous nous tenons armés et dangereux devant les champs sanglants de l'histoire ;
Dépourvus de dogme – mais prêts à tailler, à défier l'éphémère :
Prêts à frapper de notre volonté pénétrante,
À tendre chaque laisse, à dévaler en hurlant la pente de l'Homme :
Prêts et désireux d'immoler monde après monde
Dans notre éclat stupéfiant.
Et que tous chantent que NOUS fûmes là, en Maîtres
Parmi l'espèce défaillante appelée Homme.
Notre être prit forme dans la défiance
Pour affronter votre regard meurtrier.

Livre du Rituel Satanique

Et maintenant nous voyageons de flamme en flamme
Et nous élevons de la volonté à la gloire !
AGIOS O BAPHOMET ! AGIOS O BAPHOMET !
À toi, Satan, Prince des Ténèbres et Seigneur de la Terre,
je dédie ce Temple : qu'il devienne, comme mon corps,
un vaisseau pour ton pouvoir et l'expression de ta gloire !
Avec ce sel je scelle la puissance de Satan !
Avec cette terre je dédie mon Temple.
Satanas – venire ! Satanas venire !
Agios o Baphomet !
Je suis dieu imprégné de ta gloire !

Ordination Solitaire
Je me suis offert en sacrifice sur l'autel de Satan.
Je suis descendu dans les Enfers, franchissant le fleuve Styx.
J'ai été baptisé dans le fleuve Styx et dans les Flammes de l'Enfer.
J'ai invoqué le Seigneur des Enfers, le Seigneur des Morts,
Et en invoquant le Seigneur des Enfers, le Seigneur des Morts,
Je suis devenu le Seigneur des Enfers, le Seigneur des Morts.
Je me suis assis sur le Trône des Enfers, en tant

Livre du Rituel Satanique

que Seigneur des Enfers et Seigneur des Morts.
J'ai pris la Reine des Enfers, la Reine des Morts, comme épouse et comme amante.
Mais je suis ressuscité à l'Image de Satan, en démon vivant dans la chair.
(tremper l'index gauche dans « l'huile d'onction impie », tracer un pentagramme inversé sur le front, puis dire :)
Je suis ordonné prêtre du Seigneur des Ténèbres et Ambassadeur de Son Empire Infernal.

Invocation du Seigneur de la Terre
J'appelle le Seigneur de la Terre, le Dieu Cornu de la Terre.
Pan, Bacchus, Dionysos, Cernunnos, Herne, Seigneur de la Terre, Dieu Cornu de la Terre, Viens et manifeste-toi.
Seigneur de la Terre, je T'invoque.
Seigneur de la Terre, je Te convoque.
Seigneur de la Terre, je Te conjure.
Viens, Seigneur de la Terre, et manifeste-Toi
Dans ce corps, ce temple que j'ai préparé.
Viens, Seigneur de la Terre, et manifeste-Toi.
Viens, Seigneur de la Terre, et manifeste-Toi.

Invocation d'Hécate
Hécate, je T'invoque.
Hécate, je Te convoque.
Hécate, je Te conjure.
Viens, Hécate, et manifeste-Toi

Livre du Rituel Satanique

Dans ce corps, ce temple que j'ai préparé.
Viens, Hécate, et manifeste-Toi.
Viens, Hécate, et manifeste-Toi.
Ouvre grand Ta porte afin que je puisse passer.
Ouvre grand Ta porte afin que je puisse monter les sphères planétaires.
Viens, Hécate, et manifeste-Toi.
Viens, Hécate, et manifeste-Toi.
(boire au calice, puis dire :) J'ai franchi la Sphère Lunaire.

Invocation de Thot
Thot, je T'invoque.
Thot, je Te convoque.
Thot, je Te conjure.
Viens, Thot, et manifeste-Toi
Dans ce corps, ce temple que j'ai préparé.
Viens, Thot, et manifeste-Toi.
Viens, Thot, et manifeste-Toi.
Ouvre grand Ta porte afin que je puisse passer.
Ouvre grand Ta porte afin que je puisse monter les sphères planétaires.
Viens, Thot, et manifeste-Toi.
Viens, Thot, et manifeste-Toi.
(boire au calice, puis dire :) J'ai franchi la Sphère Mercurienne.

Invocation d'Ishtar
Ishtar, je T'invoque.
Ishtar, je Te convoque.
Ishtar, je Te conjure.

Livre du Rituel Satanique

Viens, Ishtar, et manifeste-Toi
Dans ce corps, ce temple que j'ai préparé.
Viens, Ishtar, et manifeste-Toi.
Viens, Ishtar, et manifeste-Toi.
Ouvre grand Ta porte afin que je puisse passer.
Ouvre grand Ta porte afin que je puisse monter les sphères planétaires.
Viens, Ishtar, et manifeste-Toi.
Viens, Ishtar, et manifeste-Toi.
(boire au calice, puis dire :) J'ai franchi la Sphère Vénusienne.

Invocation d'Azael
Azael, je T'invoque.
Azael, je Te convoque.
Azael, je Te conjure.
Viens, Azael, et manifeste-Toi
Dans ce corps, ce temple que j'ai préparé.
Viens, Azael, et manifeste-Toi.
Viens, Azael, et manifeste-Toi.
Ouvre grand Ta porte afin que je puisse passer.
Ouvre grand Ta porte afin que je puisse monter les sphères planétaires.
Viens, Azael, et manifeste-Toi.
Viens, Azael, et manifeste-Toi.
(boire au calice, puis dire :) J'ai franchi la Sphère Solaire.

Invocation d'Abaddon
Abaddon, je T'invoque.
Abaddon, je Te convoque.

Livre du Rituel Satanique

Abaddon, je Te conjure.
Viens, Abaddon, et manifeste-Toi
Dans ce corps, ce temple que j'ai préparé.
Viens, Abaddon, et manifeste-Toi.
Viens, Abaddon, et manifeste-Toi.
Ouvre grand Ta porte afin que je puisse passer.
Ouvre grand Ta porte afin que je puisse monter les sphères planétaires.
Viens, Abaddon, et manifeste-Toi.
Viens, Abaddon, et manifeste-Toi.
(boire au calice, puis dire :) J'ai franchi la Sphère Martienne.

Invocation de Marduk
Marduk, je T'invoque.
Marduk, je Te convoque.
Marduk, je Te conjure.
Viens, Marduk, et manifeste-Toi
Dans ce corps, ce temple que j'ai préparé.
Viens, Marduk, et manifeste-Toi.
Viens, Marduk, et manifeste-Toi.
Ouvre grand Ta porte afin que je puisse passer.
Ouvre grand Ta porte afin que je puisse monter les sphères planétaires.
Viens, Marduk, et manifeste-Toi.
Viens, Marduk, et manifeste-Toi.
(boire au calice, puis dire :) J'ai franchi la Sphère Jupitérienne.

Invocation de Cronos
Cronos, je T'invoque.

Livre du Rituel Satanique

Cronos, je Te convoque.
Cronos, je Te conjure.
Viens, Cronos, et manifeste-Toi
Dans ce corps, ce temple que j'ai préparé.
Viens, Cronos, et manifeste-Toi.
Viens, Cronos, et manifeste-Toi.
Ouvre grand Ta porte afin que je puisse passer.
Ouvre grand Ta porte afin que je puisse monter les sphères planétaires.
Viens, Cronos, et manifeste-Toi.
Viens, Cronos, et manifeste-Toi.
(boire au calice, puis dire :) J'ai franchi la Sphère Saturnienne.

Invocation de Lilith
Lilith, je T'invoque.
Lilith, je Te convoque.
Lilith, je Te conjure.
Viens, Lilith, et manifeste-Toi
Dans ce corps, ce temple que j'ai préparé.
Viens, Lilith, et manifeste-Toi.
Ouvre grand Ta porte afin que je puisse passer.
Ouvre grand Ta porte afin que je puisse descendre dans le Royaume du Chaos.
Viens, Lilith, et manifeste-Toi.
Viens, Lilith, et manifeste-Toi.
(boire au calice)
Satanas vobiscum. Palas aron ozinomas Geheamel cla orlay Baske bano tudan donas Berec he pantaras tay.
Amen... Le mal de nous délivre mais... À la

Livre du Rituel Satanique

tentation ne nous conduis pas et… Ceux qui contre nous ont péché, nous leur pardonnons comme… Nos péchés pardonne-nous et… Notre pain quotidien donne-nous aujourd'hui… Sur la terre comme au ciel… Que ta volonté soit faite… Que ton règne vienne… Que ton nom soit sanctifié… Qui es aux cieux… Notre Père. Eva, Ave Satanas ! Vade Lilith, Deus maledictus est !! Gloria tibi ! Domine Lucifere, per omnia saecula saeculorum. Rege Satanas !

Au nom de Satan, souverain de la Terre, Roi du monde, j'appelle les forces des ténèbres à nous accorder leur pouvoir infernal et à ouvrir grand les portes de l'Enfer, et à sortir de l'abîme pour bénir ce traité impie !
Extrait de Magnum Opus – Secrets of the Inner Sanctum par Aleister Nacht
Mon désir a été de transmettre une connaissance qui offrira aux adeptes du LHP l'opportunité d'approfondir leurs compétences et leur compréhension magiques. J'ai décrit le résultat de l'invocation mais dans cette partie, je souhaite discuter du processus réel de conjuration et des concepts subtils mais inestimables de la Magie Satanique.
J'ai abordé certains des mécanismes du rituel démoniaque dans des posts précédents. Les instruments réels, approbations, outils, techniques, etc. sont décrits dans le Book of Satanic Magic donc je ne les couvrirai pas dans

ce livre.

Je vais cependant ouvrir le lecteur à l'acceptation et à la réceptivité des pouvoirs démoniaques qui culminent en une conséquence irréfutable pour le praticien.

D'abord, permettez-moi de souligner que les voies de la magie ne sont pas exclusives au Magus ; quiconque avec la formation, la ténacité, la patience et la détermination appropriées peut s'attendre à des résultats parfaits. Comme pour tout, la récompense est proportionnelle à l'investissement fait par le praticien.

L'esprit et le corps doivent être accordés aux plus légères harmoniques dimensionnelles pour effectuer une compensation et réduire le cours d'action atténué.

Quand la cérémonie s'ouvre, vous devriez prêter une attention particulière aux vibrations, sons, changements de température, etc.

Certains démons se manifestent par de légers changements dans l'éclairage ambiant produit par la lumière des bougies. D'autres apporteront un froid inconfortable aux conditions autrement tempérées du sanctum. J'ai expérimenté le mouvement de petits objets causé par un rapide souffle d'air d'une direction indéterminée. Ce ne sont que des exemples ; aucun n'est constamment présent. Les démons sont des individus (comme nous) et ils font leur entrée comme ils le souhaitent.

Livre du Rituel Satanique

Le choix de la force démoniaque désirée dépend généralement du rituel en cours ; Par exemple : un rituel de Destruction nécessiterait un être menaçant et querelleur avec la capacité de faire vos mauvaises actions sans aucune réserve.
Je préfère un démon comme Samael (Démon de la Mort) pour ce type de travail. L'adéquation entre tactique et tacticien est très importante. C'est une magie où des résultats réels et tangibles sont produits ; la magie n'est pas une stratagème.
Le Rituel de Baphomet peut être utilisé comme ouverture pour le Rituel de la Flamme Noire. Les deux rituels sont des précurseurs à une convocation et fonctionnent bien ensemble. Des transitions avantageuses dans les conjurations peuvent être trouvées en utilisant ces rituels. Le bon état d'esprit est à la fois nécessaire et évident pour le praticien.
Il suffit d'expérimenter le vrai travail de la conjuration pour être transformé à jamais par une métamorphose satanique ; tout comme la chenille devient chrysalide puis papillon. Toutes les actions se déroulent selon les cinq sens et certaines sont écrasantes. Par exemple, quand l'être Azazel (ce grand berger et bouc émissaire) se matérialise, il y a toujours un son qui me rappelle un bêlement de chèvre. Comme je l'ai mentionné dans les posts précédents, chaque être est aussi individuel que nous, les

humains.

Le son d'une cloche neuf (9) fois (pendant le travail rituel) nettoie l'air à l'intérieur du Sanctum Intérieur. Anton LaVey décrivit le Sanctum Intérieur comme la chambre de décompression intellectuelle dans son livre La Bible Satanique. Nettoyer l'air dans cette chambre permet aux harmoniques résonantes et à l'oscillation basse fréquence de se manifester en vibrations sataniques utiles. Son explication est assez simple mais cognitivement avancée.

Le début et la fin formalisés de la cérémonie agissent comme un dispositif dogmatique anti-intellectuel dont le but est de dissocier les activités et le cadre de référence du monde extérieur de celui de la chambre rituélique, où la volonté entière doit être employée. Cette facette de la cérémonie est particulièrement importante pour l'intellectuel, car il a surtout besoin de l'effet chambre de décompression des chants, cloches, bougies et autres accessoires avant de pouvoir mettre ses désirs purs et volontaires au travail pour lui-même, dans la projection et l'utilisation de son imagerie.

L'imagerie conçue dans l'esprit joue un rôle et, comme je l'ai discuté auparavant, imaginer le résultat d'un rituel (dans ce cas la matérialisation d'un démon) est très important. Vous (et le coven) devez être préparés à la visualisation du démon et le groupe devrait discuter de l'imagerie avant d'entrer dans le

Livre du Rituel Satanique

Sanctum Intérieur et d'ouvrir le rituel. Sans cette étape cruciale, les membres du coven imaginent chacun un résultat différent du processus ; d'où la confusion et une conjuration ratée.

Parlez d'une seule voix et pensez comme un seul esprit dans votre coven et assurez-vous que tout le monde est mentalement préparé. La purification du corps, tout comme l'air, est très importante aussi. Se baigner avant les rituels n'est pas seulement une courtoisie pour vos membres de coven (qui pourraient vous faire une fellation plus tard) mais est finalement respectueux envers Satan et les démons que vous invitez dans vos rituels.

Le respect n'est pas seulement désiré mais requis des hôtes infernaux. Tout ce qui est moins qu'une révérence, un hommage et une adoration absolus est impardonnable et ne devrait jamais être toléré ou permis de se manifester dans le coven en travail. Les membres devraient comprendre et respecter ce simple précepte.

Il n'y a pas de différence entre la magie Blanche et la magie Noire, sauf dans l'hypocrisie suffisante, la droiture chargée de culpabilité et l'auto-illusion du magicien Blanc lui-même.
Anton Szandor LaVey

Quand on accomplit une incantation, la culmination et le focus de l'énergie sont vitaux et la conjuration n'est pas différente. Le focus

Livre du Rituel Satanique

de l'énergie du groupe permet au chaos frénétique contrôlé d'être canalisé en un médium puissant avec des résultats fantastiques. Le groupe commence à construire cette énergie bien avant d'entrer dans le Sanctum Intérieur.

Cette énergie est identique à celle d'un enfant qui attend avec impatience un événement spécial (comme l'arrivée du Père Noël) et l'anticipation s'amplifie avec le temps. La magie du coven n'est pas différente de cette analogie grossière.

Au moment où le praticien entre enfin dans le Sanctum Intérieur, il/elle peut à peine se contenir. Ainsi, la puissance pure et débridée.

J'associe aussi ce sentiment à être stimulé sexuellement mais pas jusqu'au point d'orgasme. Le résultat est le même.

Livre du Rituel Satanique

Livre du Rituel Satanique

Un Mot du Magus Aleister Nacht

Cher Chercheur,
Si vous souhaitez progresser davantage dans les Arts Noirs, n'hésitez pas à me contacter. J'ai conseillé des centaines de personnes désirant trouver une base solide en satanisme.

Tout le monde a besoin d'un coup de main pour atteindre ses objectifs ; demander de l'aide n'est pas une « faiblesse », cela démontre de l'intelligence et une intention sincère de prendre les Arts Sataniques au sérieux.

Que les bénédictions de l'Enfer se déversent sur vous et vous accordent vos désirs.
J'aimerais avoir de vos nouvelles.

Écrivez-moi à aleisternacht@rocketmail.com ou visitez mon site à AleisterNacht.com/fr.html.

A~N

Livre du Rituel Satanique

Livre du Rituel Satanique

Glossaire

Messe Noire - Rituel de l'Église de Satan ; accompli pour blasphémer et libérer les participants de l'emprise de tout ce qui est largement considéré comme sacré, pas seulement la religion organisée – contrairement à la Messe Noire traditionnelle qui est une parodie blasphématoire du catholicisme.

Commandement du Regard (Command to Look) - Titre d'un traité photographique de William Mortensen publié en 1937 ; désigne les techniques de magie mineure utilisées pour envoûter la proie choisie en captant son regard, en imposant l'attention et l'obéissance.

Cui Bono - Expression latine signifiant « à qui cela profite ? » ; l'hypothèse étant que personne n'agit jamais autrement que dans son propre intérêt.

Magie Majeure (Greater Magic) - Magie cérémonielle ou rituelle, exécutée dans des conditions précises avec des instruments spécifiques pour atteindre un objectif déterminé ; par opposition à la magie mineure ou à la prestidigitation.

Loi de l'Invisibilité (Law of Invisibility) - Tour du cerveau qui permet de ne pas voir quelque chose/quelqu'un même si les indices visuels sont présents, simplement parce que l'observateur ne s'attend pas à le voir dans ce contexte particulier.

Loi de l'Interdit (Law of the Forbidden) - Ce qui est censé rester caché ou interdit exerce la plus grande fascination.

Loi du Trapézoïde (Law of the Trapezoid) - Formation magique récurrente : pyramide dont le sommet est tronqué (appelée « frustrum »). En raison de sa masse dominante inhérente, elle agit comme un aimant pour des phénomènes écrasants, parfois dévastateurs – angles et plans spatiaux qui provoquent l'angoisse, c'est-à-dire non harmonieux avec l'orientation visuelle, engendrant des comportements aberrants.

Magie Mineure (Lesser Magic) - Psychologie appliquée et enchantements quotidiens utilisés pour atteindre des objectifs désirés.

Lex Talionis - Loi de la jungle ou de la griffe ; ordre naturel où les faibles sont autorisés à périr et les forts survivent. « La survie du plus apte » de Darwin.

More of the Same - Règle de pouce utile pour concevoir un archétype adapté et pour traiter avec autrui en lui donnant exactement ce qu'il attend – souvent plus qu'il ne l'avait prévu.

Vampire Psychique (Psychic Vampire) - Terme créé par LaVey, aujourd'hui largement utilisé pour désigner les individus manipulateurs qui vident les autres de leur énergie vitale, leur imposent des sentiments de culpabilité ou de responsabilité, sans remplir aucune fonction apparente.

Sexe, Sentiment et Merveille (Sex, Sentiment and Wonder) - Trois grandes catégories dans lesquelles peuvent être classées toutes les images archétypales.

Rituel du Shibboleth (Shibboleth Ritual) - Rituel psychodramatique pratiqué aux premiers temps de l'Église de Satan au cours duquel les participants endossent les personnalités de ceux qu'ils méprisent le plus ou qui leur posent problème, afin de les exorciser.

Suspension de l'Incrédulité (Suspend Disbelief) - Disposition volontaire à mettre temporairement de côté ses attentes pour créer une atmosphère plus favorable à l'expérimentation magique.

Ur Song - Ensemble de vibrations et résonances archétypales.

Livre du Rituel Satanique

www.ingramcontent.com/pod-product-compliance
Lightning Source LLC
Chambersburg PA
CBHW060836190426
43197CB00040B/2651